# LA MILITARTO DE SUNZI

# 孙 子 兵 法

Verkita de Sun Wu

孙 武 著

Esperantigita de Wang Chongfang

王崇芳 世译

# LA MILITARTO DE SUNZI

# 孙 子 兵 法*

## Verkita de Sun Wu

## 孙 武 著

**Esperantigita de Wang Chongfang**

**王崇芳 世译**

**Monda Asembleo Socia (MAS)**

十一家註孫子卷上

計篇 曹操曰計者選將量敵度地料卒遠近險易計於廟堂也○李筌曰計者兵之上也太一遁甲先以計神加德宮以斷主客成敗故孫子論兵亦以計爲篇首○杜牧曰計算也曰計算何事曰下之五事所謂道天地將法也於廟堂之上先以彼我之五事計算優劣然後定勝負勝負旣定然後興師動衆用兵之道莫先此五事故著爲篇首耳○王晳曰計者謂計主將天地法令兵衆士卒賞罰也○張預曰管子曰計先定於內而後兵出境故用兵之道以計爲首也或曰兵貴臨敵制宜曹公謂計於廟堂者何也曰將之賢愚敵之強弱地之遠近兵之衆寡安得不先計之及乎兩軍相臨變動相應則在於將之所裁非可以隃度也

孫子曰兵者國之大事 杜牧曰傳曰國之大事在祀與戎○張預曰國之安危在兵故

SUN Wu: La militarto de SUN ZI

**孙武 著: 孙子兵法**

Esperantigita de Wang Chongfang

王崇芳 世译

Dulingva eldono, en Esperanto kaj la ĉina

Embres-et-Castelmaure
Monda Asembleo Socia (MAS)

2022

ISBN 978-2-36960-308-5
(epub: 978-2-36960-309-2)

(= MAS-libro n-ro 285)

吳將孫子像

# Enhavtabelo

# Dankojn

Al Wei Yida (Vejdo), Zhao Jianping, Xiong Linping kaj aliaj esperantistoj-amikoj, kiuj kontrollegis la tutan tekston de la kruda traduk-versio kaj metis al mi valorajn korekt-proponojn; sen ilia sincera kaj efika kunlaboro, la teksto ne povus havi sian relative facilan legeblecon;

Al mia kara edzino Fan Jinhua, mia filino Wang Baohong, kaj miaj aliaj familianoj; sen ilia amplena prizorgo en la vivo mi neniel povus dediĉi mian trankvilan koron kaj mian tutan tempon al la traduko;

Al mia paro da kadukaj manoj, precipe la dekstra duonparaliziĝinta post la apopleksio (ĝi jam perdis la skribkapablon, sed feliĉe ankoraŭ povas frapadi la komputilan klavaron); sen ilia diligenta, kvankam mallerta, laboro, mia modesta traduko neniel povus sin prezenti antaŭ la legantoj en Esperanta skriboformo.

*Wang Chongfang, la tradukinto*

# 鸣谢

感谢魏以达、赵建平、熊林平和其他世界语朋友对译文初稿进行审读并提出了宝贵的修改建议。没有他们的真诚有效的合作，译文不可能具有较好的易读性。

感谢我的老伴儿范金花和我女儿王保宏和其他家人在翻译过程中给予我生活上的悉心照料，以使我能安心地把全部时间都投入到翻译工作中。

感谢我的一双苍老的手，特别是中风后半麻痹的右手（它已经不能握笔写字，但幸运地尚能敲击键盘），没有它们笨拙但勤奋的工作，这部稚嫩的译作绝无可能以世界语文字形式呈现在读者面前。

# Prononca ŝlosilo de la propraj nomoj en mia traduko

## 专有名词中汉语拼音字母读法

La ĉinaj propraj nomoj latinigitaj laŭ la ĉina oficiala sistemo de transskribo povas esti prononcataj proksimume kiel la Esperantaj kun la jenaj esceptoj:

Konsonantoj:

ch = ĉ h = ĥ j = ĝj q = ĉj r = ĵ sh= ŝ w = ŭ x = ŝj y = j zh = ĝ

Kombinoj de vokaloj:

ai = aj ei = ej ao = aŭ ou = oŭ ia = ja ie = je iao = jaŭ iou = joŭ uo = ŭo uai = ŭaj uei = ŭej uan = ŭan uang = ŭang weng = ŭeng yu = ju ü = ju u post j, q, x = ju

# Antaŭparolo de la tradukinto

*La Militarto de Sunzi* estas la plej frua kaj plej valora verko pri la milita scienco; ĝi aperis en la periodo Printempoj kaj Aŭtunoj (770–476 a.K.). Tiu ĉi verko, metante en lumon la naturon kaj serion da gravaj reguloj de la milito, estas la resumo de la spertoj pri militaj aferoj en tiu historia erao, kun grandega influo sur la militaj, politikaj kaj filozofiaj pensoj de la postaj epokoj. Dum la longaj historiaj periodoj de Ĉinio ĝis nun, ĝi ĉiam estas rekonata kiel "la plej grava milita klasikaĵo", kaj ĝia aŭtoro, Sun Wu (ĉ. 545–ĉ. 470 a.K.), kiel "milita geniulo". Sun Wu vivis en la regno Wu dum la lastaj jaroj de Printempoj kaj Aŭtunoj. Sun estas lia familia nomo, kaj Wu, lia persona nomo, kaj la ĉinoj kutime respektas lin Sunzi ("zi" signifas "majstron"). Inter la samkategoriaj libroj en la monda skalo nur *Pri Milito* de la pruso Clausewitz [*klaŭzevic*] (1780–1830) povas esti komparata kun ĝi en graveco, sed *Pri Milito* estis verkita malfrue je pli ol du mil jaroj, sekve *La Militarto de Sunzi* estas la plej frua kaj plej influa klasikaĵo pri militaj operacoj en la monda historio.

- *operacoj*: (militaj) agadoj

En tiu ĉi mondfama libro, Sunzi elmetis multajn gravajn principojn pri militaj operacoj. Li diris, ke "la vera perfekta lerteco (de generaloj) kuŝas en la kapablo submeti la malamikon al ni kaj atingi la venkon sen konduki batalon". Laŭ li la milito ne celas buĉadi. Se oni gajnas la militon sen batalo, tio estas la plej bona milita strategio. Sunzi donas en sia verko apartan gravecon al la uzo de oportunaj cirkonstancoj. "Ni faru atakon al la malamiko tie, kie li ne estas preparita, kaj batu lin tiam, kiam li tion ne atendas." "En la milito la ĉefa celo devas esti atingi rapidan venkon kaj ne plilongigi la operacojn." "Se vi konas kiel vian malamikon, tiel ankaŭ vin mem, vi povos batali cent batalojn sen riski suferi eĉ unu malvenkon." Ĉiuj ĉi tiuj principoj sendube havas grandan signifon en la militaj strategioj eĉ en la nuntempa mondo.

En la nuna tempo oni jam rigardas la libron *La Militarto de Sunzi* kiel tian verkon, kia efektive diskutas pri la demando, kiel oni atingas sukceson: demando, kiu ne estas limigita nur al la militaj operacoj. Ĝia signifo jam plivastiĝis al multaj kampoj, ekz. al komercaj aferoj, administrado, sporta konkurso, ktp. Ĉiu, kiu atente legas ĝin, povas akiri al si la ŝlosilon de sukceso.

Tiel frue kiel en la dinastio Tang (618–907) *La Militarto de Sunzi* jam komencis esti legata de japanoj kaj estis tradukita en la japanan lingvon. Nun ĝi jam estis tradukita en multajn fremdajn lingvojn, kiel ekz. la anglan, la francan, la rusan, la germanan, kaj la italan. Tiu ĉi grava verko estas trezoro de la ĉina kultura heredaĵo, sekve ĝi meritas esti esperantigita, por esti prezentata al la esperantistaro de la mondo.

Wang Chongfang, la tradukinto

《孙子兵法》是中国现在最早的最有价值的军事典籍，成书于春秋时代。这部著作揭示出战争的本质和一系列重要战争规律，是该时期战争经验的总结，对后世的政治、军事、哲学思想产生巨大影响，历来被称为“兵经”，其作者孙武（约前 545 年一约前 470 年）被称为“兵圣”。孙武是春秋末期吴国人，“孙子”是对他的尊称。在全世界同类书中，其重要性只有普鲁士的克劳塞维兹（1780—1830）的《战争论》可与《孙子兵法》相比，但它比本书问世晚了约两千年，可见《孙子兵法》是世界历史上最早问世、影响最深远的军事论著。

在这部世界闻名的著作中，孙子提出了许多用兵的重要原则，如“不战而屈人之兵，善之善者也。”战争的目的不是多杀人；如果能不战而取胜，才是用兵的上策。《孙子兵法》又强调在战争中要学会利用优势。“攻其无备，出其不意”；“兵贵胜，不贵久”；“知彼知己，百战不殆”。所有这些原则对现今世界的军事实战，都有重大意义。

《孙子兵法》现今实际上已经成为其他事业成功之道的著作，而不是只局限于用兵作战之上。它的意义已扩大到商业、管理、竞技等领域。只要仔细地研究《孙子兵法》，便可以从中悟出道理，在其他领域里也一样可以取得成功。

早在唐朝，《孙子兵法》就传到日本。现在它已被译成英、法、俄、德、意等多种外国语言。这部重要著作是中华文化遗产中的瑰宝，值得译成世界语，向各国世界语者推介。

译者 王崇芳

# §01 – La prepara taksado – 计篇

01-01 Sunzi diris:
Kio estas milito? Ĝi estas unu el la plej gravaj aferoj por la regno.

孙子曰：兵者，国之大事，

01-02 Ĝi koncernas la vivon kaj la morton de la soldatoj kaj de la popolo, kaj ankaŭ la vojon al la plua ekzistado aŭ la ruiniĝo de la regno, sekve ĝi postulas nian seriozan studadon.

死生之地，存亡之道，不可不察也。

01-03 Tial ni devas, antaŭ la milito, precize analizi kaj kompari la kondiĉojn de la du militantaj partioj je kvin aspektoj, por bone ekzameni la situacion de la milito kaj prognozi la rezulton. La unua aspekto estas la Taŭo[1]; la dua, la ĉielo; la tria, la tero; la kvara, la kvalitoj de la komandanto; la kvina, la leĝoj kaj la disciplino.

故经之以五事，校之以计，而索其情：一曰道，二曰天，三曰地，四曰将，五曰法。

01-04 Kio estas la Taŭo? La Taŭo estas tio, kio komplete akordigas la popolon kun la suvereno, tiel ke ili volonte sekvas lin sen konsideri sian morton aŭ vivon, sen timi ĉian danĝeron.

道者，令民于上同意，可与之死，可与之生，而不畏危也。

01-05 Kio estas la ĉielo? La ĉielo signifas la tagon kaj la nokton, la malvarmon kaj la varmon, kaj ankaŭ la alternadon de la sezonoj.

天者，阴阳、寒暑、时制也。

01-06 Kio estas la tero? La tero signifas la kondiĉojn

---

1 Mi preferas la formon "Taŭo" al "Tao" – kvankam la dua estas akceptita de Plena Ilustrita Vortaro de Esperanto –, ĉar la unua formo estas fonetike pli proksima al la ĉina vorto "dao". Se mi prenus la formon "Tao", laŭ la Esperanta gramatiko ĝia radiko devus esti "Ta-" kaj "-o" estus ĝia finaĵo, tio evidente ne estus preferinda.

topografiajn, nome la distancojn grandajn aŭ malgrandajn, la terenan formon strategie malfacilan aŭ sekuran, la zonojn de operacoj vastajn aŭ malvastajn, kaj ankaŭ la avantaĝojn aŭ la malavantaĝojn de la tereno.

- *operacoj*: (militaj) agadoj

地者，高下，远近、险易、广狭、死生也。

01-07 Kio estas la kvalitoj de la komandanto? La kvalitoj de la komandanto estas liaj inteligenteco, fidindeco, bonkoreco, kuraĝo kaj severeco.

将者，智、信、仁、勇、严也。

01-08 Kio estas la leĝoj kaj la disciplino? La leĝoj kaj la disciplino signifas la organizadon de la armeo, la administradon de la oficiroj, kaj la uzon de la militaj provizaĵoj.

法者，曲制、官道、主用也。

01-09 Ĉiuj generaloj kaj oficiroj devas ĝisfunde ekzameni tiujn kvin aspektojn de la du militantaj partioj. Tiuj, kiuj bone ilin konas, gajnos la militon, kaj tiuj, kiuj ilin ne bone konas, estos nekapablaj ĝin gajni.

凡此五者，将莫不闻，知之者胜，不知之者不胜。

01-10 Sekve, ni devas precize analizi kaj kompari la kondiĉojn de la du militantaj partioj, konsiderante la jenajn demandojn:

故校之以计，而索其情。

01-11 Kiu el la du partioj havas suverenon pli saĝan kaj pli amatan de la popolo?
Kiu partio posedas generalojn pli kompetentajn?
Kiu partio ĝuas avantaĝojn devenantajn de la ĉielo kaj la tero, nome la pli favorajn veteron kaj terenon?
Kiu partio povas pli rigore observi la leĝojn kaj la disciplinon?
Kiu partio disponas pli bonajn trupojn kaj ekipaĵojn?
Kiu partio havas oficirojn kaj soldatojn pli bone trejnitajn?
Kaj kiu partio estas pli justa en aljuĝado de rekompencoj kaj punoj?

曰：主孰有道？将孰有能？天地孰得？法令孰行？兵众孰

强？士卒孰练？赏罚孰明？

01-12 Bone farante tiujn ĉi sep konsiderojn, mi povas antaŭvidi, kiu partio gajnos la militon kaj kiu partio suferos la malvenkon.

吾以此知胜负矣。

01-13 La generalo, kiu adoptas miajn strategiajn artifikojn kaj agas laŭ ili, certe gajnos la venkon, — lin mi restigos en lia posteno. La generalo, kiu ne adoptas miajn strategiajn artifikojn, nek agas laŭ ili, certe suferos la malvenkon, — lin mi eksigos.

将听吾计，用之必胜，留之；将不听吾计，用之必败，去之。

01-14 Donante atenton al miaj analizoj de ĉiuj aspektoj, la generalo povos krei favoran strategian situacion kaj pozitivajn kondiĉojn.

计利以听，乃为之势，以佐其外。

01-15 Kio estas la kreo de favora situacio? Ĝi signifas, ke la generaloj devas preni kaj konservi la iniciativon de la militaj operacoj profitante de la avantaĝaj kondiĉoj.

- *operacoj*: (militaj) agadoj

势者，因利而制权也。

01-16 La militarto estas ludo de trompo.

兵者，诡道也。

01-17 Tial, kiam ni volas kaj kapablas konduki batalon, ni devas ŝajnigi nin nekapablaj tion fari; kiam ni estas pretaj uzi la militan forton, ni devas ŝajnigi, ke ni prokrastas nian agon; kiam ni jam alproksimiĝas, ni devas igi la malamikon kredi, ke ni ankoraŭ estas en malproksimeco; kiam ni estas en malproksimeco, ni devas igi la malamikon kredi, ke ni jam alproksimiĝas.

故能而示之不能，用而示之不用，近而示之远，远而示之近。

01-18 Se la malamiko estas profitema, ni proponu logaĵon por lin logi; kiam li estas en malordo, ni faru al li atakon.

利而诱之，乱而取之。

01-19 Kiam la malamiko estas bone preparita, ni nin gardu kontraŭ li; kiam li estas potencega, ni lin evitu.

实而备之，强而避之。

01-20 Kiam la malamiko estas furioza, ni penu lin inciti; kiam li estas singarda, ni do ŝajnigu nin malfortaj, por lin arogantigi.

怒而挠之，卑而骄之。

01-21 Kiam la malamiko estas en bona ripozo, ni penu lin lacigi; se liaj fortoj estas unuigitaj, ni do semu inter ili malkonkordon.

佚而劳之，亲而离之。

01-22 Ni faru atakon al la malamiko tie, kie li ne estas preparita, kaj batu lin tiam, kiam li tion ne atendas.

攻其无备，出其不意。

01-23 La supre menciitaj estas, por la strategiistoj, la ŝlosiloj de la komandado, sed oni neniel povas anticipe formuli al si fiksitan batalplanon laŭ ili.

此兵家之胜，不可先传也。

01-24 Se, antaŭ ol komenci batalon, la generaloj faras sufiĉan preparan taksadon de la situacio en la templo [ĉar konduki batalon estas unu el la plej gravaj aferoj por la regno, la generaloj devas plenumi ceremonion por militaj operacoj kaj prognozi la rezulton de la batalo –trad.], tio donas pli da avantaĝoj por gajni la venkon; se, antaŭ ol komenci batalon, la generaloj faras nesufiĉan preparan taksadon de la situacio en la templo, tio donas malpli da avantaĝoj por gajni la venkon. Tial, pli da prepara taksado kondukas al venko, kaj malpli da prepara taksado, al malvenko. Tiuj, kiuj faras nenian preparan taksadon, havas nenian ŝancon gajni la venkon! Dank' al tiu ĉi metodo ni povas klare antaŭvidi la rezulton de la milito.

- *operacoj*: (militaj) agadoj

夫未战而庙算胜者，得算多也；未战而庙算不胜者，得算少也。多算胜，少算不胜，而况于无算乎！吾以此观之，胜负见矣。

# §02 – La preparado de la milito – 作战篇

02-01 Sunzi diris:

La ĝenerala regulo por fari militadon konsistas el la mobilizado de mil leĝeraj militĉaroj, mil pezaj militĉaroj kaj cent mil soldatoj kirasitaj, kaj el la transportado de sufiĉaj militaj provizoj por ili eĉ ĝis la distanco de mil lioj. Krome, mil mezuroj da oro devas esti dediĉitaj ĉiutage por kovri la elspezojn ĉe la fronto kaj en la postfronta regiono, la elspezojn por la akceptado de la aliregnaj gastoj kaj la diplomatiaj senditoj, la koston de materialoj, kiel ekz. la gluo kaj la lako [por konservi la ekipaĵojn en bona stato –trad.], kaj de la riparado de la militĉaroj kaj de la armaĵoj. Nur en tiu okazo la armeo el cent mil soldatoj povas ekiri al la batalo.

- leĝeraj: malpezaj
- lioj, de lio: ĉina mezurunuo egala je 536,33 metroj, laŭ PIV.

孙子曰：凡用兵之法，驰车千驷，革车千乘，带甲十万，千里馈粮，则内外之费，宾客之用，胶漆之材，车甲之奉，日费千金，然后十万之师举矣。

02-02 En militaj operacoj oni devas peni atingi rapidan venkon. Se la milito longe daŭras, la armiloj kaj la ekipaĵoj forkonsumiĝos, la batalspirito kaj la entuziasmo de la soldatoj malleviĝos, kaj dum la atakoj kontraŭ la urboj, la fortoj de la trupoj evidente malgrandiĝos kaj eĉ elĉerpiĝos. Cetere, se la armeo longe batalas ekstere, la regno certe konos financajn malfacilojn.

- *operacoj*: (militaj) agadoj

其用战也胜，久则钝兵挫锐，攻城则力屈，久暴师则国用不足。

02-03 Se viaj armiloj kaj ekipaĵoj forkonsumiĝas, la batalspirito kaj la entuziasmo de viaj soldatoj malleviĝas, la fortoj de viaj trupoj elĉerpiĝas kaj la financoj de via regno reduktiĝas al mizero, tiam la najbaraj regnoj profitos de viaj malfaciloj, por vin ataki. Tiuokaze, eĉ se vi havas sagacajn konsilistojn, neniu el ili povos plibonigi la situacion.

夫钝兵挫锐，屈力殚货，则诸侯乘其弊而起，虽有智者不能善其后矣。

02-04 Tial, kvankam ni aŭdis pri kritiko kontraŭ mallerta komando celanta atingi rapidan venkon, ni neniam vidis la lertecon en la plilongigo de milito.

故兵闻拙速，未睹巧之久也。

02-05 Sekve la okazo de longedaŭra milito, kiu estus profita al la regno, ja neniam ekzistis.

夫兵久而国利者，未之有也。

02-06 Tial nur tiu, kiu perfekte konas la malutilajn aspektojn de la militado, povas funde koni ĝiajn utilajn aspektojn.

故不尽知用兵之害者，则不能尽知用兵之利也。

02-07 Tiuj, kiuj lertas en la militarto, ne bezonas duafojan rekrutigon, nek foj-refojan kolektadon de provianto. Ili kunportas siajn armilojn kaj ekipaĵojn el sia regno; por sia plua provianto, ili kalkulas nur je la malamiko. Tiele la armeo estas abunde proviantita.

善用兵者，役不再籍，粮不三载，取用于国，因粮于敌，故军食可足也。

02-08 Se la regno estas malriĉigita pro la milito, tion kaŭzas la longdistanca transportado, kiu malriĉigas la popolon.

国之贫于师者远输，远输则百姓贫。

02-09 Tie, kie kolektiĝas la trupoj, la prezoj altiĝas, kaj tio elĉerpas la riĉaĵojn de la popolo. Kiam la financoj estas elĉerpitaj, la regno estas devigita pliigi la impostojn kaj la servutojn.

近师者贵卖，贵卖则百姓财竭，财竭则急于丘役。

02-10 La militaj fortoj estas malgrandigitaj sur la batalkampo, la financoj de la regno estas elĉerpitaj, la familioj estas reduktitaj al ekstrema mizero, kaj la sep dekonoj de la riĉaĵoj de la popolo estas malŝparitaj. Samtempe la ses dekonoj de la monrimedoj de la regno estas elspezitaj pro la difektitaj militĉaroj, la elĉerpitaj ĉevaloj, la perditaj aŭ eluzitaj armiloj, inkluzive armaĵojn, kaskojn, sagojn, arbalestojn, halebardojn, ŝildojn, lancojn, tirbovojn, pezajn ŝarĝveturilojn ktp.

力屈财殚，中原内虚于家，百姓之费，十去其七；公家之费，破军罢马，甲胄矢弓，戟盾矛橹，丘牛大车，十去其六。

02-11 Tial la saĝaj generaloj devas peni sin provizi sur la teritorio de la malamiko, ĉar unu mezuro da greno aŭ unu mezuro da furaĝo prenita sur la teritorio de la malamiko samvaloras kiel dudek mezuroj transportitaj el la propra regno.

故智将务食于敌，食敌一钟，当吾二十钟；忌杆一石，当吾二十石。

02-12 Por ke viaj soldatoj brave mortigu la malamikon, vi devas eksciti ilian batalspiriton; por ke viaj trupoj batalakiru materialojn de la malamiko, vi devas doni al ili materialajn rekom-pencojn.

故杀敌者，怒也；取敌之利者，货也。

02-13 Tial, dum batalo de militĉaroj, se dek aŭ pli da ĉaroj estas de ni kaptitaj, vi devas rekompenci tiujn, kiuj la unuaj ilin kaptis. La flagoj de la malamiko devas esti anstataŭigitaj per la niaj, kaj la kaptitaj ĉaroj devas esti miksitaj kun la niaj kaj uzataj de ni. Samtempe la kaptitoj devas esti bone traktataj kaj enigitaj en niajn trupojn. Jen kio estas nomata “ju pli oni venkas, des pli oni fortiĝas.”

故车战，得车十乘已上，赏其先得者，而更其旌旗。车杂而乘之，卒善而养之，是谓胜敌而益强。

02-14 Tial en la milito la ĉefa celo devas esti atingi rapidan venkon kaj ne plilongigi la operacojn.

- *operacoj*: (militaj) agadoj, (militaj) operacioj

故兵贵胜，不贵久。

02-15 Jen kial oni diras, ke la komandanto, kiu estas lerta en la militarto, estas la mastro de la popola sorto kaj de la regna sekureco.

故知兵之将，民之司命。国家安危之主也。

# §03 – La ofensivo per artifikoj – 谋攻篇

03-01 Sunzi diris:
La ĝeneralaj principoj de la milito estas:
Devigi la malamikan regnon kapitulaci estas pli bone, ol ĝin detrui.
Devigi la tutan armeon kapitulaci estas pli bone, ol ĝin detrui.
Devigi kapitulaci brigadon, roton, aŭ grupon el kvin soldatoj estas pli bone, ol ilin detrui.

孙子曰：夫用兵之法，全国为上，破国次之；全军为上，破军次之；全旅为上，破旅次之；全卒为上，破卒次之；全伍为上，破伍次之。

03-02 Tial gajni cent venkojn en cent bataloj ne estas la perfekta lerteco de la generaloj. La vera perfekta lerteco kuŝas en la kapablo submeti la malamikon al ni kaj atingi la venkon sen konduki batalon.

是故百战百胜，非善之善者也；不战而屈人之兵，善之善者也。

03-03 Tial la plej bona politiko estas malsukcesigi la strategion de la malamiko per artifikoj; la malpli bona politiko estas izoli lin for de liaj aliancanoj per diplomatiaj rimedoj; la ankoraŭ malpli bona estas ataki lian armeon en la batalkampo; kaj la plej malbona el la politikoj estas sieĝi kaj ataki la urbojn.

故上兵伐谋，其次伐交，其次伐兵，其下攻城。

03-04 Fari atakon al la urboj estas la lasta rimedo, kiun oni uzas nur tiam, kiam troviĝas neniu alia solvo. Oni bezonas tri monatojn por prepari la armilojn kaj la ekipaĵojn necesajn por ataki la urbojn, kaj ankoraŭ aliajn tri monatojn por starigi altajn talusojn el ter-amaso kontraŭ la urbomuroj.

攻城之法，为不得已。修橹国轒辒，具器械，三月而后成距闉，又三月而后已。

03-05 Se la komandanto, perdinte sian paciencon, ordonas al siaj soldatoj fari atakon al la urbo, ke ili grimpas kiel formikoj sur la eskaloj kontraŭ la urbomuroj, tiel ke triono de ili estas mortigitaj sen ke la urbo estus prenita, tio efektive estas la katastrofa rezulto de la atako al urboj.

将不胜其忿而蚁附之，杀士卒三分之一，而城不拔者，此攻之灾也。

03-06 Tial la komandanto, kiu estas lerta en la militarto, estas tiu, kiu submetas la malamikan armeon al ni kaj atingas la venkon sen konduki batalon, prenas la urbojn sen fari atakon, renversas la malamikan regnon sen plilongigi la militajn operacojn.

- *operacoj*: (militaj) agadoj

故善用兵者，屈人之兵而非战也，拔人之城而非攻也，毁人之国而非久也，

03-07 Li devas peni atingi kompletan venkon en tia maniero, ke la armeo suferas nenian vundon, kaj la profito akirita povas esti kompleta. Tio estas la metodo de ofensivo per artifikoj.

必以全争于天下，故兵不顿而利可全，此谋攻之法也。

03-08 Tial la principoj uzi la militajn fortojn estas la jenaj:

Se ni estas dekoble pli fortaj en nombro, ol la malamika armeo, ni ĝin ĉirkaŭu.

Se ni estas kvinoble pli fortaj en nombro, ol la malamika armeo, ni ĝin ataku.

Se ni estas duoble pli fortaj en nombro, ol la malamika armeo, ni ĝin ataku de du flankoj.

Se ni estas egalaj en forto al la malamika armeo, ni firme rezistu al ĝi.

Se ni estas iom malsuperaj al la malamika armeo en nombro, ni forkuru de ĝi.

Se ni estas multe pli malfortaj, ol la malamika armeo, ni ĝin evitu.

故用兵之法，十则围之，五则攻之，倍则分之，敌则能战之，少则能逃之，不若则能避之。

03-09 Kaj tial, se malforta armeo obstine rezistas, ĝi certe estos venkita kaj kaptita de la potenca.

故小敌之坚，大敌之擒也。

03-10 La generaloj estas la pilieroj de la regno. Se ili subtenas la regnon per siaj ĉiuj fortoj, ĝi certe fariĝos potenca; se kontraŭe ili ne estas indaj je siaj postenoj, la regno malfortiĝos.

夫将者，国之辅也。辅周则国必强，辅隙则国必弱。

03-11 Estas tri okazoj, en kiuj la suvereno alportas malfeliĉon al la armeo:

Ne sciante, ke la armeo tiuokaze ne devas antaŭeniri, li arbitre ordonas, ke ĝi antaŭeniru; ne sciante, ke la armeo tiuokaze ne devas retiriĝi, li arbitre ordonas, ke ĝi retiriĝu. Tio estas nomata "kateni la armeon".

故君之所以患于军者三：

不知军之不可以进而谓之进，不知军之不可以退而谓之退是谓縻军。

03-12 Ne konante la internajn aferojn de la armeo, li intervenas en ĝian administradon. Tio konfuzas la generalojn kaj la soldatojn.

不知三军之事而同三军之政，则军士惑矣。

03-13 Ne konante la militajn artifikojn, li intervenas en la komandadon de la armeo. Tio, kompreneble, dubigas la generalojn kaj la soldatojn.

不知三军之权而同三军之任，则军士疑矣。

03-14 Se la armeo estas en konfuziteco kaj dubo, tiam certe venas malfeliĉo: La najbaraj regnoj profitos de tiu ĉi okazo por fari al ĝi atakojn. Tio estas nomata "ĵeti la armeon en konfuzon kaj konduki la malamikon al la venko".

三军既惑且疑，则诸侯之难至矣。是谓乱军引胜。

03-15 Ekzistas kvin okazoj, en kiuj la venko estas antaŭvidebla:

Tiu, kiu scias, kiam li povas batali kaj kiam li ne povas batali, gajnos la venkon.

Tiu, kiu scias adopti konvenan taktikon laŭ la nombro de siaj trupoj kaj tiu de la malamikaj, gajnos la venkon.

Tiu, kies generaloj kaj soldatoj estas inspiritaj per la same alta batalspirito, gajnos la venkon.

Tiu, kiu estas preparita kaj alfrontas malamikon ne preparitan, gajnos la venkon.

Tiu, kiu posedas kompetentajn generalojn sen la enmiksiĝo de la suvereno, gajnos la venkon.

Jen la kvin okazoj, en kiuj oni povas antaŭvidi la venkon.

故知胜有五：知可以战与不可以战者胜，识众寡之用者胜上下同欲者胜，以虞待不虞者胜，将能而君不御者胜。此五者，知胜之道也。

03-16 Tial oni diras:

Se vi konas kiel vian malamikon, tiel ankaŭ vin mem, vi povos batali cent batalojn sen riski suferi eĉ unu malvenkon.

Se vi ne konas vian malamikon kaj konas nur vin mem, viaj ŝancoj de venko kaj de malvenko estas egalaj.

Se vi ne konas vian malamikon, nek vin mem, vi certe suferos malvenkon en ĉiu batalo.

故曰：知彼知己，百战不殆；不知彼而知己，一胜一负；不知彼不知己，每战必败。

## §04 – La taktika dispozicio-- 形篇

04-01 Sunzi diris:

En la pasinteco la majstroj en la militarto penis antaŭ ĉio meti sin en la nevenkeblan pozicion kaj poste atendi la ŝancon, por venki la malamikon.

孙子曰：昔之善战者，先为不可胜，以待敌之可胜。

04-02 Nia nevenkebleco dependas de ni mem; la ŝancoj venki la malamikon dependas de la eraroj de la malamiko.

不可胜在己，可胜在敌。

04-03 Tial tiuj, kiuj estas lertaj en la militarto, povas fari sin nevenkeblaj, sed ne povas certigi sin pri sia nepra venko super la malamiko.

故善战者，能为不可胜，不能使敌之必可胜。

04-04 Jen kial oni diras, ke oni povas antaŭvidi la venkon, sed oni ne povas esti certa, ĉu la venko estos nepre gajnita laŭ la deziro.

故曰：胜可知，而不可为。

04-05 La nevenkebleco kuŝas en defendo, dum la ŝanco de venko en atako.

不可胜者，守也；可胜者，攻也。

04-06 Se la fortoj kaj la favoraj kondiĉoj ne estas sufiĉaj, oni devas sin defendi; se la fortoj kaj la favoraj kondiĉoj estas en abundeco, oni devas fari atakon.

守则不足，攻则有余。

04-07 La generalo, kiu estas lerta en defendado, kaŝas siajn fortojn tiel, kvazaŭ ili estus en la plejprofundo de la tero; la generalo, kiu estas lerta en atakado, donas neatenditan ekfrapon al la malamiko, kvazaŭ ĝi falus el la plej alta ĉielo. Tial oni devas havi la kapablon ne nur sin protekti, sed ankaŭ gajni kompletan venkon.

善守者藏于九地之下，善攻者动于九天之上，故能自保而全胜也。

04-08 Antaŭdiri venkon, kiun ordinaruloj povas antaŭvidi, – tio ne estas kalkulata kiel la plej granda sagaceco.

见胜不过众人之所知，非善之善者也。

04-09 Atingi venkon per furiozaj bataloj kaj tiel rikolti laŭdojn de la tuta mondo, – tio ne estas rigardata kiel la kulmino de la lerteco.

战胜而天下曰善，非善之善者也。

04-10 Tio estas kiel la jeno: levi aŭtune elkreskintan hareton de besto [tiam ĝi estas la plej malpeza –trad.] ne pruvas, ke oni havas grandan forton; vidi la sunon kaj la lunon ne pruvas, ke oni havas la okulojn akrevidajn; aŭdi la bruon de tondrego ne pruvas, ke oni havas la orelojn delikatajn.

故举秋毫不为多力，见日月不为明目，闻雷霆不为聪耳。

04-11 En la antikveco tiuj, kiuj estis nomataj majstroj lertaj en la militarto, kapablis venki nur la malamikon, kiu estis facile venkebla.

古之所谓善战者，胜于易胜者也。

04-12 Tial iliaj venkoj alportis al ili nek reputacion de saĝeco, nek la meriton de bravulo.

故善战者之胜也，无智名，无勇功。

04-13 Ili gajnis siajn batalojn dank’ al sia evito de eraroj. La kaŭzo, kial ili nepre venkis en ĉiu batalo, kuŝas en tio, ke ili bazis siajn operacajn rimedojn sur la certeco de sia venko, nome sur tio, ke la malamiko jam estis destinita al malvenko.

故其战胜不忒。不忒者，其所措胜，胜已败者也。

04-14 Sekve la majstroj en la militarto ĉiam trovas sin en nevenkebla pozicio kaj, samtempe, preterlasas neniun okazon venki la malamikon.

故善战者，立于不败之地，而不失敌之败也。

04-15 Tial, la venkonta armeo ne serĉas batalon kun la malamiko, antaŭ ol certiĝi pri la kondiĉoj por la venko, dum la armeo destinita al la malvenko unue eniras en la batalon kaj poste serĉas la esperon gajni la venkon.

是故胜兵先胜而后求战，败兵先战而后求胜。

04-16 Tiuj, kiuj estas lertaj en la kondukado de milito, nepre bone komprenas la principojn de milito kaj sin tenas je ĝusta politiko kaj severa disciplino, – jen kial ili povas preni kaj teni la iniciaton de la milito.

善用兵者，修道而保法，故能为胜败之政。

04-17 Jen la kvin elementoj en la militaj reguloj: la unua estas la topografiaj analizo kaj esploro; la dua, la taksado de la homfortoj kaj materialaj rimedoj; la tria, la kalkulado de la efektivaj nombroj; la kvara, la komparo de la milita forto de la du partioj; kaj la kvina, la ŝancoj de venko.

兵法：一曰度，二曰量，三曰数，四曰称，五曰胜。

04-18 La malsameco de la regionoj, kie sin trovas la du militantaj partioj, naskas malsamecon de la areoj de la teritorioj.

Tiu malsameco de la areoj de la teritorioj naskas malsamecon de la homfortoj kaj la materialaj rimedoj de la du partioj.

Tiu malsameco de la homfortoj kaj materialaj rimedoj naskas malsamecon de la kalkulado de la efektivaj nombroj de la du partioj.

Tiu malsameco de la kalkulado de la efektivaj nombroj naskas malekvilibron de la militaj fortoj inter la du partioj.

Tiu malekvilibro de la militaj fortoj definitive decidas pri la rezulto de la milito.

地生度，度生量，量生数，数生称，称生胜。

04-19 La venkonta armeo fronte al la armeo venkota estas kiel unu *jio* da pezo [*jio*: antikva mezurunuo de pezo egalanta 1200 gramojn –trad.] fronte al unu *ĝuo* [*ĝuo*: antikva mezurunuo de pezo, egalanta ĉ. 2 gramojn –trad.]; la venkota armeo fronte al la armeo venkonta estas kiel unu *ĝuo* fronte al unu *jio*.

故胜兵若以镒称铢，败兵若以铢称镒。

04-20 La venkonto enmetas siajn trupojn en la batalon kiel

la retenita akvo subite verŝiĝanta de apika alto de miloj da *ĵenoj* [*ĵeno*: antikva mezurunuo de longo, egalanta ĉ. 2,5 metrojn –trad.]. Jen kio estas nomata la taktika dispozicio de la militaj fortoj.

胜者之战，若决积水于千仞之溪者，形也。

## §05 – La uzo de la militaj fortoj-- 势篇

05-01 Sunzi diris:

Direkti armeon grandan estas principe kiel direkti malgrandan armeon. Tio estas demando pri organizado.

孙子曰：凡治众如治寡，分数是也。

05-02 Direkti la operacojn de armeo granda estas same kiel direkti tiujn de armeo malgranda. Tio estas demando pri formado kaj donado de la ordon-signaloj.

- *operacoj*: (militaj) agadoj

斗众如斗寡，形名是也。

05-03 Direkti la tutan grandan armeon tiel, ke ĝi povu rezisti al la atako de la malamiko kaj eviti malvenkon, – tio estas demando pri la kombinita uzo de taktikoj normalaj kaj taktikoj specialaj.

三军之众，可使必受敌而无败者，奇正是也。

05-04 Fari atakon kontraŭ la malamiko tiel, ke tio povu esti kiel ĵeti ŝtonon sur ovon, – tio estas demando pri evito de la ĉefaj fortoj kaj dono de batoj al la malfortaj punktoj.

兵之所加，如以瑕投卵者，虚实是也。

05-05 Dum la milito la generalo devas adopti la normalan taktikon por alfronti la malamikon kaj uzi specialajn taktikojn por fari surprizan atakon al la malamiko.

凡战者，以正合，以奇胜。

05-06 Jen kial la variado de la taktikoj de tiu, kiu estas lerta en la uzo de la specialaj taktikoj, estas tiel senfina, kiel la ĉielo kaj la tero, kaj ankaŭ neelĉerpebla, kiel la fluoj de la riveroj.

La suno subiras, poste la luno leviĝas, – tio estas ilia alternado konstanta. La vintro pasas, poste la printempo venas, – tio estas la sinsekvado de la kvar sezonoj.

故善出奇者，无穷如天地，不竭如江河。终而复始，日月是也。死而更生，四时是也。

05-07 Ekzistas nur kvin muzikaj notoj [en la antikveco la ĉinoj konsideris, ke estas nur kvin muzikaj notoj, nome *gong*, *shang*, *jue*, *zhi* kaj *yu*. –trad.], sed ilia kombinado estas tiel varia, ke oni neniel povas ĝue aŭdi ĉiujn belajn melodiojn, kiujn ilia kombinado kreas.

声不过五，五声之变，不可胜听也。

05-08 Ekzistas nur kvin bazaj koloroj [en la antikveco la ĉinoj konsideris, ke estas nur kvin bazaj koloroj, nome la bluo, la flavo, la ruĝo, la blanko kaj la nigro. –trad.], sed ilia miksado estas tiel varia, ke oni neniel povas admiri ĉiujn belajn bildojn, kiujn ilia miksado konsistigas.

色不过五，五色之变，不可胜观也。

05-09 Ekzistas nur kvin ĉefaj gustoj [en la antikveco la ĉinoj konsideris, ke estas nur kvin ĉefaj gustoj, nome la acideco, la saleco, la amareco, la akragusteco kaj la dolĉeco. –trad.], sed ilia kombinado estas tiel varia, ke oni neniel povas gustumi ĉiujn diversgustajn frandaĵojn, kiujn ilia kombinado faras.

味不过五，五味之变，不可胜尝也。

05-10 La taktikoj uzataj en batalo estas ne pli ol du kategorioj, nome la taktikoj normalaj kaj la taktikoj specialaj, sed ilia variado kaj kombinado donas senfinan serion da manovroj.

战势不过奇正，奇正之变，不可胜穷也。

05-11 La taktikoj normalaj kaj la taktikoj specialaj estas interdependaj kaj sin reproduktantaj reciproke, same kiel konstanta ciklado, kiu havas nek komencon, nek finon. Kiu do povus koni tiun ĉi senfinecon?

奇正相生，如循环之无端，孰能穷之哉!

05-12 La torenta akvofluo povas forruli ŝtonegon, ĉar granda estas la puŝforto de la akvo.

激水之疾，至于漂石者，势也。

05-13 La falko, kiu rapide flugas malsupren, povas trafi kaj detrui sian viktimon, ĉar rapidega estas la fluga ritmo.

鸷鸟之疾，至于毁折者，节也。

05-14 Tial la armeo de tiuj, kiuj estas lertaj en la kondukado de la operacoj, estas en frakasanta impeto kaj en rapidega ritmo dum sia atako.

- *operacoj*: (militaj) agadoj

故善战者，其势险，其节短。

05-15 Tiu frakasanta impeto estas kiel arbalesto plene streĉita kaj tiu rapidega ritmo estas kiel sag-pafado de la arbalesto.

势如扩弩，节如发机。

05-16 En la tumulto de batalo la intermilitantoj miksiĝas, la standardoj intertuŝiĝas, kaj la trupoj de la du partioj sin batas reciproke, sed dume via komando ne devas esti senorda. Meze de la konfuzo kaj la ĥaoso de kompleksa situacio, la dispozicio de viaj trupoj nepre devas resti en bona ordo, por eviti la malvenkon.

纷纷纭纭，斗乱而不可乱；浑浑沌沌，形圆而不可败。

05-17 Malordo venas de ordo, malkuraĝo originas de kuraĝo, kaj malforteco estiĝas el forteco.

乱生于治，怯生于勇，弱生于强。

05-18 Ordo aŭ malordo dependas de la organizado; kuraĝo aŭ malkuraĝo dependas de la milita situacio; kaj malforteco aŭ forteco dependas de la taktikaj dispozicioj.

治乱，数也；勇怯，势也；强弱，形也。

05-19 Tial la generaloj, kiuj estas lertaj en la manipulado de la malamiko, povas krei trompan ŝajnigon al la malamiko, por ke tiu ĉi prenu agojn laŭ ilia intenco. Ili povas logi la malamikon per io profitodona, kion la malamiko certe prenos.

故善动敌者，形之，敌必从之；予之，敌必取之。

05-20 Ili manovras en tia maniero, ke la malamiko, pro etaj avantaĝoj, estas pelata tien kaj tien, dume ili atendas kun siaj soldatoj bonan okazon por lin ataki.

以利动之，以卒待之。

05-21 Tial tiuj, kiuj estas lertaj en la kondukado de la operacoj, ĉiam penas turni la situacion en sian avantaĝon kaj neniam faras troajn postulojn al siaj subuloj. Sekve ili kapablas elekti oficirojn taŭgajn, por krei tian situacion.

- *operacoj*: (militaj) agadoj

故善战者，求之于势，不责于人，故能择人而任势。

05-22 La generaloj, kiuj scias krei favoran situacion, komandas siajn trupojn tiel, kiel oni rulas ŝtipojn aŭ ŝtonojn. La naturo de la ŝtipoj kaj de la ŝtonoj estas, ke ili restas senmovaj se la tereno estas ebena; ili ruliĝas se la tereno estas dekliva. Se ili estas kvadrataj, ili restas en senmoveco; kaj se ili estas rondaj, ili ruliĝas.

任势者，其战人也，如转木石。木石之性，安则静，危则动，方则止，圆则行。

05-23 Tial la favora situacio kreita de tiuj, kiuj estas lertaj en la kondukado de la operacoj, estas kiel tiu de la rondaj ŝtonoj, kiuj ruliĝas sur la deklivo de monto alta je mil *ĵenoj*. Jen kio estas la uzo de la militaj fortoj.

- *ĵeno*: antikva mezurunuo de longo, egalanta ĉ. 2,5 metrojn.

故善战人之势，如转圆石于千仞之山者，势也。

# §06 – La malforteco kaj la forteco – 虚实篇

06-01 Sunzi diris:

La armeo, kiu la unua alvenas sur la batalkampon kaj atendas la malamikon, estas en freŝa batal-preteco kaj prenas la iniciaton; tiu, kiu venas al la batalkampo malfrue kaj haste eniras en la batalon, estas lacigita kaj sin trovas en pasiveco.

孙子曰：凡先处战地而待敌者佚，后处战地而趋战者劳。

06-02 Tial tiuj, kiuj estas lertaj en la militado, ĉiam kondukas la malamikon je la nazo kaj neniam lasas sin manipuli de la malamiko.

故善战者，致人而不致于人。

06-03 Tiuj, kiuj estas kapablaj igi la malamikon veni propravole en la zonon antaŭviditan, faras tion logante lin per etaj avantaĝoj; tiuj, kiuj estas kapablaj malhelpi la malamikon veni en ilian defensivan zonon, faras tion kreante al li malfacilaĵojn.

- *devensivan*: defendan, defendecan.

能使敌人自至者，利之也；能使敌人不得至者，害之也。

06-04 Tial ili povas lacigi la malamikon tiam, kiam li estas en ripozo, malsatigi la malamikon tiam, kiam li estas bone nutrata, kaj devigi la malamikon moviĝi tiam, kiam li haltas tendare.

故敌佚能劳之，饱能饥之，安能动之。

06-05 Ataku la lokon, kie la malamiko neniel povas sin savi; rapide antaŭenmarŝu en la direkto, kiun la malamiko neniel povas atendi.

出其所不趋，趋其所不意。

06-06 Se via armeo estas nelacigita post marŝado de mil lioj, tio estas ŝuldata al tio, ke ĝi tramarŝis la regionon, kie la malamiko ne metis obstaklojn.

- Lio: ĉina mezurunuo egala je 536,33 metroj.

行千里而不劳者，行于无人之地也。

06-07 Se via armeo estas certa pri la sukceso en sia atako, tio estas ŝuldata al tio, ke ĝi atakas la lokon, kiun la malamiko ne defendas. Se via armeo estas certa pri la sukceso en la tenado de la pozicioj, tio estas ŝuldata al tio, ke la malamiko trovas ilin neatakeblaj.

攻而必取者，攻其所不守也。守而必固者，守其所不攻也。

06-08 Tial, la generaloj, kiuj estas lertaj en atakado, kapablas fari, ke la malamiko ne sciu kiel sin defendi; la generaloj, kiuj estas lertaj en defendado, kapablas fari, ke la malamiko ne sciu kiel ataki.

故善攻者，敌不知其所守；善守者，敌不知其所攻。

06-09 Ili agas en maniero tiel subtila, ke ili lasas neniajn postsignojn, tiel mistera, ke ili lasas nenian bruon aŭdata, kaj sekve ili povas teni en siaj manoj la sorton de la malamiko.

微乎微乎，至于无形；神乎神乎，至于无声，故能为敌之司命。

06-10 Se la armeo faras ofensivon kaj la malamiko ne povas fari reziston, tio estas ŝuldata al tio, ke ĝi atakas la malfortajn punktojn de la malamiko. Se ĝi sin retiras kaj la malamiko ne povas fari postkuron, tio estas ŝuldata al tio, ke ĝi delokiĝas tiel rapide, ke la malamiko ne povas ĝin kuratingi.

- ofensivo: atakan agadon

进而不可御者，冲其虚也；退而不可追者，速而不可及也。

06-11 Sekve, kiam nia armeo deziras batalon, la malamiko, kvankam protektata per altaj muroj kaj profundaj fosaĵoj, estas devigita forlasi sian defendan pozicion kaj eniri en la batalon kontraŭ ni, tio estas ŝuldata al tio, ke nia armeo atakas la lokon, kiun li nepre devas savi je ĉia kosto.

故我欲战，敌虽高垒深沟，不得不与我战者，攻其所必救也。

06-12 Kiam nia armeo ne deziras batalon, eĉ se nia defendo estas nur simpla, la malamiko ne povas trudi al ni la batalon, tio estas ŝuldata al tio, ke ni deturnas lin de la celo de lia atako.

我不欲战，虽画地而守之，敌不得与我战者，乖其所之也。

06-13 Se ni sukcesas trompi la malamikon, tiel ke liaj dispozicioj estas tute malkovritaj, dum ni estas kaŝitaj, tiam ni povas koncentri niajn fortojn kaj disigi la fortojn de la malamiko.

故形人而我无形，则我专而敌分。

06-14 Se niaj fortoj sin koncentras sur unu solan punkton, dum la fortoj de la malamiko estas disigitaj en dek punktoj, tiam ni estas unu tuto dekoble pli forta, ol ĉiu el la disigitaj partoj de la malamiko, kio signifas, ke niaj fortoj estas multe superaj en nombro al tiuj de la malamiko dum la batalado.

我专为一，敌分为十，是以十攻其一也，则我众敌寡。

06-15 Kaj se ni povas bati malmulton per multo, tiam la fortoj de la malamiko, kiujn ni atakas, estos limigitaj.

能以众击寡者，则吾之所与战者约矣。

06-16 Ni devas ĉiel lasi la malamikon en nesciado pri la loko, kiun niaj fortoj intencas ataki, ĉar tiuokaze li estas devigita prepari la defendon sur pluraj lokoj. Kiam li preparas defendon sur pluraj lokoj, tiam liaj disigitaj trupoj, kiujn ni atakos en iu ajn loko, estos relative malmultaj en nombro.

吾所与战之地不可知，不可知则敌所备者多，敌所备者多则吾所与战者寡矣。

06-17 Tial, se la malamiko preparas la defendon en la fronto, liaj trupoj en la postfronto estos malfortaj; se li preparas la defendon en la postfronto, liaj trupoj en la fronto estos malfortaj. Se li plifortigas sian maldekstron, lia dekstro malfortiĝos; se li plifortigas sian dekstron, lia maldekstro estos facile detruita. Se li plifortigas ĉiujn lokojn, li estos ĉie malforta.

故备前则后寡，备后则前寡，备左则右寡，备右则左寡，无所不备，则无所不寡。

06-18 La nombra malsupereco venas de la preparado de la defendo sur pluraj lokoj; la nombra supereco venas de tio, ke oni devigas sian malamikon sin prepari tie kaj tie.

寡者，备人者也；众者，使人备己者也。

06-19 Se generalo antaŭscias la lokon kaj la tempon de la okazonta batalo, li povas koncentri siajn trupojn, eĉ se ili estas disigitaj unu de la alia je mil lioj, por kune eniri en la batalon kontraŭ la malamiko.

- lio: ĉina mezurunuo egala je 536,33 metroj.

故知战之地，知战之日，则可千里而会战。

06-20 Se generalo ne antaŭscias la lokon kaj la tempon de la okazonta batalo, tiam la maldekstra alo ne povos alporti helpon al la dekstra alo, nek la dekstra alo al la maldekstra alo; la avano ne povos alporti helpon al la ariero, nek la ariero al la avano, eĉ se ili sin trovas unu for de la alia je dekoj da lioj, aŭ eĉ je nur kelkaj lioj!

- alo: flanko, flanka taĉemento;
- avano: antaŭo;
- ariero: malantaŭo.
- lio: ĉina mezurunuo egala je 536,33 metroj.

不知战之地，不知战日，则左不能救右，右不能救左，前不能救后，后不能救前，而况远者数十里，近者数里乎！

06-21 Laŭ mi, kvankam la soldatoj de la regno Yue [la najbara regno de Wu –trad.] superas la niajn en nombro, tamen el la supre menciita principo, ĉu vi povus diri, ke tio certe helpos al Yue gajni la batalon?

以吾度之，越人之兵虽多，亦奚益于胜哉！

06-22 Do mi diras, ke la venko povas esti kreata. Kvankam la trupoj de la malamiko estas multnombraj, tamen ni povas malhelpi al ili veni en la batalon kontraŭ ni.

故曰：胜可为也。敌虽众，可使无斗。

06-23 Se vi konsideras kaj analizas la situacion de la malamiko kaj lian planon de operacoj, vi povas havi klaran komprenon pri liaj ŝancoj de sukceso. Se vi provokas la malamikon, vi povas malkovri la regulecon de liaj atakoj kaj defendoj. Se vi faras erarigajn ŝajnigojn, vi povas eltrovi la vundeblajn punktojn de la malamiko. Se vi faras rekognoskadon al la malamiko, vi povas ekscii la fortajn punktojn kaj la malfortajn punktojn de liaj dispozicioj.

- Operacoj: (militaj) agadoj;
- rekognoskado: esplorado (de la milita situacio ĉe la malamiko)

故策之而知得失之计，作之而知动静之理，形之而知死生之地，角之而知有余不足之处。

06-24 Tial la perfekta maniero trompi la malamikon en militado estas kaŝi niajn taktikajn dispoziciojn sen lasi ĉian postsignon. Sen postsignoj, eĉ la plej penetremaj spionoj ne povos malkovri la fundon de nia partio, kaj eĉ la plej inteligentaj militistoj ne povos eltrovi efikajn rimedojn kontraŭ ni.

故形兵之极，至于无形。无形，则深间不能窥，智者不能谋。

06-25 Eĉ se ni publikigus la konvenajn taktikojn, kiujn ni adoptis konforme al la ŝanĝiĝanta situacio de la malamiko, por gajni la venkon, oni tamen neniel povus kompreni ilin. Oni povas nur vidi la taktikojn, per kiuj ni venkis la malamikon, sed neniu povas kompreni, kiel nia partio uzis ilin por atingi la venkon.

因形而措胜于众，众不能知。人皆知我所以胜之形，而莫知吾所以制胜之形。

06-26 Tial en ĉiu batalo ni ne ripetas la samajn taktikojn por venki la malamikon; ni devas konstante variigi niajn taktikojn konforme al la cirkonstancoj ĝis senfineco.

故其战胜不复，而应形于无穷。

06-27 La militaj taktikoj estas kiel fluanta akvo. La fluanta akvo ĉiam evitas la altaĵon kaj moviĝas malalten, kaj, simile, la regulo de la operacoj postulas, ke oni ĉiam evitu la fortajn punktojn de la malamiko kaj ataku nur liajn malfortajn.

- operaco: (milita) agado aŭ ago.

夫兵形象水，水之形，避高而趋下，兵之形，避实而击虚。

06-28 La akvo ŝanĝas sian fluan direkton laŭ la formo de la tereno, kaj la armeo, kiu volas atingi la venkon, devas adaptiĝi al la ŝanĝiĝanta situacio de la malamiko.

水因地而制流，兵因敌而制胜。

06-29 Tial, same kiel la akvo konservas nenian konstantan formon, la milito estas kondukata ne en fiksa maniero. Tiu, kiu adaptiĝas al la ŝanĝiĝanta situacio de la malamiko, meritas la titolon de "dieca militisto".

故兵无常势，水无常形。能因敌变化而取胜者，谓之神。

06-30 El la kvin elementoj [La ĉina klasika filozofio nomas kvin elementoj la metalon, la lignon, la akvon, la fajron kaj la teron, kiuj, laŭ la antikvuloj, konsistigas la fizikan universon –trad.], neniu estas konstante superreganta. La kvar sezonoj sin intersekvas, kaj neniu el ili daŭras eterne. El la tagoj, kiujn ni havas, unuj estas pli longaj kaj la aliaj pli mallongaj. Kaj la luno havas siajn periodojn de kresko kaj malkresko.

故五行无常胜，四时无常位，日有短长，月有死生。

## §07 – La batalo por preni la iniciaton – 军争篇

07-01 Sunzi diris:
En la militaj operacoj la komandanto ricevas de la suvereno sian komandon, poste li organizas sian armeon, kolektas la militajn materialojn kaj la provianton, kaj mobilizas la soldatojn, por ke ili brave alfrontu la malamikon. Dum la tuta procezo nenio estas pli malfacila, ol batali por preni la iniciaton.

孙子曰：凡用兵之法，将受命于君，合军聚众，交和而舍莫难于军争。

07-02 La malfacileco de tiu ĉi batalo kuŝas en tio, ke la generalo devas fari la malrekton rekta kaj turni la malavantaĝojn en avantaĝojn.

军争之难者，以迂为直，以患为利。

07-03 Li povas trompi la malamikon prenante malrektan vojon kaj tenti la malamikon per etaj avantaĝoj, por ke liaj trupoj atingu la batalkampon pli frue, ol la malamikaj trupoj, kvankam ili ekmarŝis pli malfrue, ol la malamiko. Nur agante tiamaniere, li povas esti nomata konanto de la artifiko "fari la malrekton rekta".

故迂其途而诱之以利，后人发，先人至，此知迂直之计者也。

07-04 Tial la batalo por preni la iniciaton estas konsiderata kiel avantaĝa kaj ankaŭ danĝera.

故军争为利，军争为危。

07-05 Se la komandanto ekmarŝigas la armeon kun ĝiaj tutaj ekipaĵoj kaj provizaĵoj por kapti avantaĝon, la rezulto certe estas, ke li kaj liaj trupoj malfrue atingos la celatan lokon. Aliflanke, se li ordonas forlasi siajn ekipaĵojn kaj provizaĵojn por kapti avantaĝon, ili nature estos perditaj.

举军而争利则不及，委军而争利则辎重捐。

07-06 Sekve, se la trupoj kunvolvas siajn armaĵojn kaj haste ekmarŝas, haltante nek tage nek nokte kun granda rapideco, por kapti avantaĝon en batalo, tiam, rezulte de tio, post marŝado de cent lioj, kelkaj el la generaloj povos esti kaptitaj de la malamiko, kaj la soldatoj fortikaj atingos la celatan lokon la unuaj, dum la malfortaj sin trenos malantaŭe, tiel ke nur dekono de la soldatoj alvenos ĝustatempe.

- *lio*: ĉina mezurunuo egala je 536,33 metroj.

是故卷甲而趋，日夜不处，倍道兼行，百里而争利，则擒三军将，劲者先，疲者后，其法十一而至。

07-07 Se ili rapide marŝas kvindek liojn por kapti la avantaĝon, la komandanto de la avangardo suferos repuŝon kaj nur la duono de la armeo alvenos tien.

五十里而争利，则蹶上将军，其法半至。

07-08 Se ili rapide marŝas tridek liojn, tiuokaze nur la du trionoj de la armeo alvenos tien.

三十里而争利，则三分之二至。

07-09 El tio oni povas vidi, ke sen militaj ekipaĵoj, sen provianto, sen necesaj provizoj, la armeo estas destinita al pereo.

是故军无辎重则亡，无粮食则亡，无委积则亡。

07-10 Tial, ne sciante la intencojn de la regantoj de la najbaraj regnoj, la komandanto ne povas alianciĝi kun ili. Ne konante la diversajn topografiajn trajtojn de la montoj, la arbaroj, danĝeraj interkrutejoj kaj marĉoj, li ne povas ekmarŝigi la armeon. Ne dungante lokajn gvidantojn, li ne povas profiti de la favora tereno.

故不知诸侯之谋者，不能豫交；不知山林、险阻、沮泽之形者，不能行军；不用乡导者，不能得地利。

07-11 En la militaj agadoj, por gajni la venkon, oni povas uzi artifikojn. Oni devas ekagi nur tiam, kiam la kondiĉoj estas favoraj, kaj konstante ŝanĝadi taktikojn, disigante kaj koncentrante la fortojn laŭ la cirkonstancoj.

故兵以诈立，以利动，以分和为变者也。

07-12 Sekve la armeo devas moviĝi tiel rapide, kiel la vento; kiam ĝi marŝas malrapide, ĝi devas esti kiel la silenta arbaro.

故其疾如风，其徐如林。

07-13 Atakante, ĝi devas esti tiel arda, kiel la fajro; defendante, ĝi devas esti tiel neŝancelebla, kiel la monto.

侵掠如火，不动如山。

07-14 Ŝirmite, ĝi devas esti tiel nepenetrebla kiel la ĉielo kovrita de nigraj nuboj; ekmoviĝante, ĝi devas esti tiel rapidega kiel ektondro subita.

Ŝirmite: Ŝirmate (la tradukinto sekvas la zamenhofan uzmanieron)

难知如阴，动如雷震。

07-15 Kiam vi prirabas iun regionon de la malamiko, disigu viajn trupojn por tion fari; kiam vi jam konkeras teritorion, dispartigu viajn trupojn por ĝin defendi. Nepre pesu la por kaj la kontraŭ, antaŭ ol ekagi.

掠乡分众，廓地分利，悬权而动。

07-16 Tiuj, kiuj bone konas la artifikon “fari la malrekton rekta”, gajnos la venkon. Jen la principoj de la batalo por preni la iniciaton.

先知迂直之计者胜，此军争之法也。

07-17 Estas dirite en la libro *Milita Administrado*: “Ĉar dum la batalo la voĉaj komandoj estas neaŭdeblaj, oni uzas gongojn kaj tamburojn; ĉar la gestaj komandoj estas nevideblaj, oni uzas standardojn kaj flagojn.”

《军政》曰：言不相闻，故为之金鼓；视不相见，故为之旌旗。

07-18 Kiel la gongoj kaj la tamburoj, tiel ankaŭ la standardoj kaj la flagoj, ja ĉiuj estas uzataj por unuecigi la agojn de la tuta armeo.

夫金鼓旌旗者，所以一人之耳目也。

07-19 Kiam la agoj de la tuta armeo estas unuecigitaj, la soldatoj bravaj ne povas solaj antaŭeniri, nek la malkuraĝaj solaj retroiri. Jen la metodo komandi armeon grandan en nombro dum la batalo.

人既专一，则勇者不得独进，怯者不得独退，此用众之法也。

07-20 Jen kial, por la nokta batalo, oni uzas kiel eble plej ofte la fajro-signalojn kaj la tamburojn, kaj, por la taga batalo, oni uzas kiel eble plej ofte la standardojn kaj la flagojn. Oni ŝanĝas tiujn signalojn ĝuste por adaptiĝi al la vida kaj aŭda kapablecoj de la oficiroj kaj la soldatoj.

故夜战多火鼓，昼战多旌旗，所以变人之耳目也。

07-21 Oni povas demoralizi la tutan armeon de la malamiko kaj ŝanceli la volon de ĝiaj generaloj.

- *demoralizi*: senkuraĝigi ("detrui la disciplinon, la kuraĝon aŭ la eltenemon (de trupo)", PIV).

三军可夺气，将军可夺心。

07-22 Normale, ĉe la komenco de la milito la batalspirito de la soldatoj estas alta kaj nerezistebla; pli poste ĝi malstreĉiĝas; kaj en la fina stadio la soldatoj elĉerpiĝas kaj inklinas reveni al la tendaro.

是故朝气锐，昼气惰，暮气归。

07-23 Tial la komandanto, kiu estas lerta en la militarto, evitas la malamikan armeon tiam, kiam ĝia batalspirito estas alta, kaj atakas ĝin tiam, kiam ĝi malvigliĝas kaj inklinas al la reveno. Jen la arto kiel havi en sia dispono la faktoron "batalspirito".

善用兵者，避其锐气，击其惰归，此治气者也。

07-24 Tenante sian armeon en alta disciplineco kaj en bona ordo, li atendas la aperon de malordo kaj konfuzo en la malamika armeo; tenante sian armeon en sereneco kaj kvieteco, li atendas la aperon de brua konfuzo kaj hastemo. Jen la arto kiel havi en sia dispono la faktoron "psikologio".

以治待乱，以静待哗，此治心者也。

07-25 Kiam lia armeo proksimiĝas al la batalkampo, li atendas la malamikan, kiu venas de malproksime; kiam liaj trupoj estas en ripozo, li atendas la malamikajn, kiuj estas elĉerpitaj; kiam liaj soldatoj estas bone nutritaj, li atendas la malamikajn, kiuj estas malsataj. Jen la arto kiel havi en sia dispono la faktoron "energio".

以近待远，以佚待劳，以饱待饥，此治力者也。

07-26 La lerta komandanto ne atakas la malamikon, kiu antaŭenmarŝas kun standardoj bone vicigitaj, nek tiun, kies batalaj formacioj [marŝas]en impona ordo. Jen la arto kiel havi en sia dispono la faktoron "cirkonstanco".

无邀正正之旗，无击堂堂之阵，此治变者也。

07-27 La principoj de la kondukado de la militaj operacoj estas la jenaj:

Ne ataku la malamikon tiam, kiam tiu okupas altaĵon.

Ne kontraŭstaru la malamikon tiam, kiam tiu dorse apogas sin al monteto.

Ne postkuru la malamikon tiam, kiam tiu ŝajnigas sin fuĝanta.

Ne ataku liajn elitajn trupojn.

Ne ĵetu vin avide sur la logaĵon, kiun la malamiko proponas al vi.

Ne baru la vojon al la malamikaj trupoj, kiuj revenas al sia regno.

Lasu elirejon al la sieĝata malamiko por lia eskapo.

Ne tro premu la malamikon, kiu estas en la lasta ekstremo.

Jen estas la reguloj de militaj agadoj.

故用兵之法，高陵勿向，背丘勿逆，佯北勿从，锐卒勿攻饵兵勿食，归师勿遏，围师必阙，穷寇勿迫，此用兵之法也。

# §08 – La taktikaj variaĵoj – 九变篇

08-01 Sunzi diris:

En la militaj agadoj la komandanto ricevas de la suvereno sian mandaton, poste li organizas sian armeon, kolektas la militajn materialojn kaj la provianton.

Kondukante la armeon al la batalkampo, li devas ne lasi ĝin starigi sian tendaron sur la tereno, kiu estas malfacile trapasebla.

Li devas alianciĝi kun la najbaraj regnoj tie, kie la ĉefvojo etendiĝas al ĉiuj direktoj.

Li devas ne restadi en la pozicioj, kiuj estas danĝere izolitaj.

Li devas uzi artifikojn kontraŭ la malamiko sur enfermita tereno.

Li devas batali obstine tie, kie troviĝas nenia vojo por antaŭen-aŭ retro-iri.

孙子曰：凡用兵之法，将受命于君，合军聚合，圮地无舍衢地合交，绝地无留，围地则谋，死地则战。

08-02 Troviĝas iuj vojoj nesekveblaj, iuj armeoj neatakeblaj, iuj urboj nesieĝeblaj, iuj teritorioj nekapteblaj, kaj iuj ordonoj de la suvereno neobeeblaj.

途有所不由，军有所不击，城有所不攻，地有所不争，君命有所不受。

08-03 La komandanto, kiu funde konas la avantaĝojn de la supraj taktikaj variaĵoj, estas lerta en la kondukado de la milito.

故将通于九变之利者，知用兵矣。

08-04 La komandanto, kiu ne klare komprenas la avantaĝojn de la taktikaj variaĵoj, ne povas profiti de la tereno, eĉ se li bone konas ĝiajn topografiajn trajtojn.

将不通九变之利，虽知地形，不能得地之利矣

08-05 En la komandado de la armeo, tiu, kiu ne komprenas la taktikajn variaĵojn, ne estas kapabla efike uzi siajn trupojn, eĉ se li komprenas la “kvin avantaĝojn” (vidu 08-02 –trad.).

治兵不知九变之术，虽知五利，不能得人之用矣。

08-06 Tial la saĝa komandanto devas, en sia pripensado, doni konsiderojn kiel al la faktoroj favoraj, tiel ankaŭ al la malfavoraj. Trovante sin en malfavora situacio, li devas preni en konsideron la favorajn faktorojn, por ke la aferoj povu disvolviĝi en bona maniero; trovante sin en favora situacio, li devas preni en konsideron la malfavorajn faktorojn, por ke la malbonoj povu esti antaŭtempe evitataj.

是故智者之虑，必杂于利害，杂于利而务可信也，杂于害而患可解也。

08-07 Tial, por submeti al vi la suverenojn de najbaraj regnoj, vi devas artifike minaci ilin per tio, kion ili plej timas. Se vi volas, ke ili faru, kion vi deziras, vi devas embarasi ilin per ĝenaĵoj. Se vi volas konduki ilin je la nazo, vi devas doni al ili etajn avantaĝojn.

是故屈诸侯者以害，役诸侯者以业，趋诸侯者以利。

08-08 En la militaj agadoj la jena principo estas sekvenda: neniam vin apogu sur la probableco de la neveno de la malamiko, sed sur via perfekta prepariteco por lin renkonti; neniam esperu, ke la malamiko povos ne fari atakon, sed kalkulu nur je tio, ke vi jam faris vin nevenkebla.

故用兵之法，无恃其不来，恃吾有以待之；无恃其不攻，恃吾有所不可攻也。

08-09 Estas kvin fatalaj malfortaĵoj en la karakteroj de la komandanto:

Se li estas temerara, li povos facile esti mortigita.

Se li estas malkuraĝa, li povos facile esti kaptita.

Se li estas kolerema, li povos facile esti provokata al riskaj agoj.

Se li havas tro delikatan honorsenton, li inklinas esti hontigita kaj pelata al malprudenta ago.

Se li estas tro bonkora kaj havas tro kompateman amon al la popolo, li estas hezitema kaj inklinas fariĝi pasiva.

- *temerara*: sentimega.

故将有五危，必死可杀，必生可虏，忿速可侮，廉洁可辱爱民可烦。

08-10　Tiuj ĉi supre menciitaj estas la kvin malfortaĵoj, kiuj estas katastrofaj por la komandanto en la militaj agadoj. Se la tuta armeo estas detruita kaj ĝia komandanto estas mortigita, tio ja estas la neevitebla rezulto de tiuj ĉi kvin fatalaj malfortaĵoj. Tial la komandanto neniel devas ne preni ilin en seriozan konsideradon.

凡此五者，将之过也，用兵之灾也。覆军杀将，必以五危不可不察也。

# §09 – La dispozicio de la trupoj – 行军篇

09-01 Sunzi diris:

Kiam vi faras dispozicion de viaj trupoj en malsamaj terenoj kaj esploras la situacion de la malamiko, vi devas doni atenton al la jeno:

Por trapasi montaran regionon, antaŭiru laŭlonge de valoj, kie oni povas trovi akvon kaj furaĝon, kaj starigu vian tendaron sur alta tereno, kiu donas vidon al la suno. Kiam la malamiko okupas altaĵon, ne ataku lin de malalte alten. Jen la principo observenda por la dispozicio de la trupoj en montaro.

孙子曰：凡处军相敌，绝山依谷，视生处高，战隆无登，此处山之军也。

09-02 Transpasinte riveron, kantonmentu for de la bordo. Kiam la malamiko transiras riveron por vin ataki, ne renkontu lin sur la akvo; anstataŭe, estas avantaĝe atendi, ĝis liaj trupoj estas survoje dum la transpaso, antaŭ ol ilin ataki. Se vi deziras batalon kontraŭ la malamiko, ne renkontu lin tuj proksime de la akvo; anstataŭe elektu altaĵon, kiu donas vidon al la suno, por starigi vian tendaron, kaj neniam starigu ĝin en loko malalta, kiu donas vidon al rivero. Jen la principo observenda por la dispozicio de la trupoj en rivera regiono.

- *kantonmentu*, de *kantonmento*: Vilaĝo aŭ urboparto asignita al soldataj trupoj por iom longa restado.

绝水必远水，客绝水而来，勿迎之于水内，令半济而击之利，欲战者，无附于水而迎客，视生处高，无迎水流，此处水上之军也。

09-03 Trairante sal-alkalan marĉon, pliigu vian rapidecon sen resti tie eĉ momenton. Se vi trovas vin vid-al-vide al la malamiko meze de marĉo, loku vin proksime de herboj kaj akvo, kun la dorso al arboj. Jen la principo observenda por la dispozicio de la trupoj en sal-alkala marĉejo.

绝斥泽，唯亟去无留，若交军于斥泽之中，必依水草而背众树，此处斥泽之军也。

09-04 Sur la ebenaĵo, elektu kaj okupu lokon ebenan kaj facile alireblan, kun la ĉefa alo dorse al monto, tiel ke la antaŭa parto estas pli malalta, kaj la malantaŭa pli alta. Jen la principo observenda por la dispozicio de la trupoj sur la ebenaĵo.

- alo: (ĉi tie:) parto.

平陆处易，右背高，前死后生，此处平陆之军也。

09-05 La avantaĝoj de la supre menciitaj kvar principoj, kiuj rilatas al la dispozicio de la trupoj, ebligis al la Flava Imperiestro venki siajn kvar malamikojn.[2]

凡此四军之利，黄帝之所以胜四帝也。

09-06 Ĝenerale, la manovranta armeo preferas la terenon altan kaj sekan al la tereno malalta kaj humida, kaj la lokon, kiu donas vidon al la suno, al la loko, kiu estas malhela. Se la trupoj bone ripozas kaj refreŝiĝas kun sufiĉa provianto kaj la oficiroj kaj la soldatoj ne suferas malsanon, la venko estos certigita.

- *humida*: malseka, malseketa.

凡军好高而恶下，贵阳而贱阴，养生而处实，军无百疾，是谓必胜。

09-07 En sektoro, kie troviĝas montetoj aŭ talusoj, la armeo devas okupi la flankon, kiu donas vidon al la suno, kun la ĉefa alo dorse al tiuj ĉi naturaj ŝirmiloj. Ĉiuj ĉi tiuj metodoj estas avantaĝaj por la armeo kaj ebligas al ĝi profiti de la tereno.

- Alo: (ĉi tie) parto.

丘陵堤防，必处其阳而右背之，此兵之利，地之助也。

09-08 Se pluvegas almonte de rivero kaj la ŝvelinta akvo abrupte alvenas, estas malpermesite travadi la torenton, kaj oni devas atendi, ĝis la inundo malleviĝas.

- *torento*: monta rivero

上雨水流至，欲涉者，待其定也。

2 Laŭdire la Flava Imperiestro estas la prapatro de la nacieco Han de Ĉinio. Liaj kvar malamikoj estis la ĉefoj de la tiamaj kvar barbaraj triboj ĉe la landlimoj. –trad.

09-09 Kiam vi renkontas tiajn danĝerajn terenojn, kiaj estas la profunda ravino kun kuranta torento, la profunda natura kavego kun ĉirkaŭaj krutaĵoj, la enfermita loko, kie la eniro estas facila kaj la eliro malfacila, la sovaĝejo, kiu estas superkreskita de herboj kaj veproj, la malalta marĉejo, kaj la intermonto kun krutaĵoj ambaŭflanke, tiam vi devas senprokraste foriri de tie kaj neniel povas alproksimiĝi al ili.

- ravino: abismo.

凡地有绝涧、天井、天牢、天罗、天陷、天隙，必亟去之，勿近也。

09-10 Vi devas teni vin for de tiuj terenoj kaj logi la malamikon alproksimiĝi al ili. Tiam vi devas loki vin fronte al tiuj terenoj kaj devigi la malamikon havi ilin post sia dorso.

吾远之，敌近之；吾迎之，敌背之。

09-11 Se vi trovas proksime de via tendaro danĝerajn inter-krutejojn, marĉojn, fragmitejojn, montetojn kovritajn de densaj herboj kaj arboj, vi devas fari fundan priserĉadon, por vidi, ĉu tie estas embusko aŭ sin kaŝas spionoj.

- fragmito: speco de (marĉa) kano.

军旁有险阻、潢井、葭苇、林木、翳荟者，必谨覆索之，此伏奸之所处也。

09-12 Kiam la malamikaj trupoj alproksimiĝas al via tendaro kaj restas kvietaj, la kaŭzo estas, ke ili sin apogas sur la tereno, kiu estas avantaĝa por ili.

敌近而静者，恃其险也。

09-13 Se la malamiko provokas vin al batalo de malproksime, la kaŭzo estas, ke li deziras logi vin antaŭeniri.

远而挑战者，欲人之进也

09-14 Se li starigas sian tendaron sur la ebena tereno facile alirebla, la kaŭzo estas, ke tie li havas avantaĝon.

其所居易者，利也

09-15 Kiam la arboj moviĝas, la malamiko alproksimiĝas;

kiam aperas multaj obstakloj kaŝitaj inter la densaj herboj kaj veproj, tio signifas, ke la malamiko vin trompas.

众树动者，来也；众草多障者，疑也

09-16 La ekflugo de birdoj estas la signo de embusko; la ektimiĝo de sovaĝaj bestoj estas la indiko, ke tuj okazos surpriza atako de la malamiko.

鸟起者，伏也；兽骇者，覆也。

09-17 Kiam alte leviĝas nubo da polvo, alproksimiĝas la malamikaj militĉaroj. Kiam la polvonubo estas malalta kaj pendiĝanta super vasta terspaco, alproksimiĝas la malamika infanterio. Sed se la polveroj estas disĵetitaj tien kaj tien, tio montras, ke la malamikaj soldatoj hake kolektas brullignon. Kiam malmulta polvo jen malalte leviĝas, jen disiĝas, tio indikas, ke la malamikaj trupoj starigas sian tendaron.

尘高而锐者，车来也；卑而广者，徒来也；散而条达者，樵采也；少而往来者，营军也。

09-18 Se la senditoj de la malamiko humile parolas, dum la militpreparo estas daŭrigata, tio montras, ke la malamiko estas preta fari atakon. Se la senditoj de la malamiko parolas senkompromise kaj minacas fari antaŭeniron, tio montras, ke la malamiko estas preta fari retreton.

- *retreto*: retiriĝo, malantaŭen-irado.

辞卑而益备者，进也；辞强而进驱者，退也。

09-19 Se la leĝeraj militĉaroj de la malamiko eliras la unuaj kaj ekokupas la pozicion sur la du flankoj, tio estas la signo, ke la malamiko aranĝas sian batalan formacion.

- *leĝeraj*: malpezaj.

轻车先出居其侧者，陈也。

09-20 Se la malamiko, sen suferi malvenkon, petas pacon, tio signifas, ke li havas ian kaŝitan celon en tio.

无约而请和者，谋也。

09-21 Se la soldatoj de la malamiko moviĝas tien kaj tien

kaj liaj piedsoldatoj kaj militĉaroj viciĝas en batalan formacion, tio montras, ke baldaŭ venos la momento de la decida batalo.

奔走而陈兵者，期也。

09-22 Se parto de la malamikaj trupoj antaŭeniras kaj parto retiriĝas, tio signifas, ke la malamiko provas vin trompi.

半进半退者，诱也。

09-23 Se la soldatoj de la malamiko staras sin apogante sur siaj armiloj, vi povas konkludi, ke ili suferas malsaton. Se tiuj, kiuj estas senditaj ĉerpi akvon, trinkas antaŭ ol porti ĝin al la tendaro, tio signifas, ke ili suferas soifon. Se la malamiko vidas avantaĝon kaj tamen liaj trupoj ne antaŭeniras por ĝin kapti, la kaŭzo estas, ke ili jam estas lacegaj.

杖而立者，饥也；汲而先饮者，渴也；见利而不进者，劳也。

09-24 Se birdoj flugante kolektiĝas super la tendaron de la malamiko, tio montras, ke la tendaro jam estas malpleniĝinta. Se nokte aŭdiĝas ekkrioj el la tendaro de la malamiko, tio estas la signo, ke la malamikaj trupoj estas kaptitaj de paniko. Se estiĝas tumulto en la malamika tendaro, tio signifas, ke liaj generaloj perdis sian prestiĝon kaj aŭtoritatecon. Se la standardoj kaj flagoj konstante ŝanĝiĝas, tio indikas, ke ribelo estas preparata en la malamika tendaro. Se la oficiroj estas koleremaj, la kaŭzo certe estas, ke la trupoj jam estas lacegaj de la milito.

鸟集者，虚也；夜呼者，恐也；军扰者，将不重也；旌旗动者，乱也；吏怒者，倦也。

09-25 Se la malamiko nutras siajn ĉevalojn per greno kaj mortigas tirbestojn kiel nutraĵon por siaj soldatoj, kaj se tiuj forprenas siajn kuirilojn sen la intenco reveni al sia tendaro, tio montras, ke la malamiko jam estas en senespera situacio.

粟马肉食，军无粮也；军无悬缻，不返其舍者，穷寇也。

09-26 Se la malamika komandanto humile parolas kun siaj subuloj, tio estas la signo, ke li jam perdis la fidon kaj la subtenon de la armeo. Tro oftaj rekompencoj al la soldatoj indikas, ke li jam elĉerpis siajn rimedojn; tro oftaj punoj al la soldatoj indikas, ke li jam estas en serioza senhelpeco. Se komence la komandanto krude traktas siajn subulojn kaj poste timas ilin, tio montras, ke li jam estas ekstreme senprudenta.

谆谆翕翕，徐与人言者，失众也；数赏者，窘也；数罚者困也；先暴而后畏其众者，不精之至也。

09-27 Se la senditoj de la malamiko sin esprimas per vortoj ĝentilaj kaj komplimentaj, tio estas la signo, ke la malamiko deziras militpaŭzon.

来委谢者，欲休息也。

09-28 Se la trupoj de la malamiko furioze antaŭeniras al vi, sed prokrastas la batalon longatempe sen signo de retiriĝo, tiam vi devas skrupule ekzameni ilian efektivan intencon.

兵怒而相迎，久而不合，又不相去，必谨察之。

09-29 En la milito pli granda nombro da soldatoj ne ĉiam donas superecon. Sufiĉas, se nur oni evitas riskan agon, lerte koncentras siajn trupojn, ĝuste juĝas la situacion de la malamiko kaj uzas kompetentajn generalojn. Tiu, kiu ne havas la strategie antaŭvidan kapablon kaj subtaksas sian malamikon, certe estos kaptita de li.

兵非贵益多也，惟无武进，足以并力、料敌、取人而已。夫惟无虑而易敌者，必擒于人。

09-30 Se la soldatoj estas punitaj antaŭ ol povi fidele alkroĉiĝi al vi, ili al vi ne obeos, kaj se ili al vi ne obeos, estos por vi malfacile ilin komandi. Sed, se la soldatoj estas fidelaj kaj tamen vi ne disciplinas ilin severe kaj juste, vi ne povos ilin komandi por batalo.

卒未亲而罚之，则不服，不服则难用。卒已亲附而罚不行则不可用。

09-31 Tial vi devas trakti viajn trupojn kun humaneco kaj justeco, unuecigi iliajn agojn per severa milita disciplino, kaj tiam vi estos nevenkebla.

故合之以文，齐之以武，是谓必取。

09-32 Se la ordonoj estas plenumataj severe kaj konsekvence en la disciplinado kaj trejnado de la soldatoj, la soldatoj kutimiĝos al la obeado. Alie ili kutimiĝos al la malobeado. Se la ordonoj estas konscience plenumataj en ĉiaj cirkonstancoj, tio montras, ke la komandanto kaj liaj trupoj estas en tre bonaj interrilatoj.

令素行以教其民，则民服；令素不行以教其民，则民不服令素行者，与众相得也。

## §10 – La tereno – 地形篇

10-01 Sunzi diris:

Ni povas distingi ses specojn de tereno laŭ ties naturo: alireblan, komplikan, malavantaĝan, malvastan, danĝeran kaj malproksiman.

孙子曰：地形有通者、有挂者、有支者、有隘者、有险者、有远者。

10-02 La tereno, kiu estas facile trapasebla por la du militantaj partioj, estas nomata la alirebla. Sur tia tereno oni devas la unua ekokupi pozicion pli altan kun vasta horizonto kaj ĉiel teni la proviz-vojon ne obstrukcita. Tiam vi povos batali kun avantaĝo.

我可以往，彼可以来，曰通。通形者，先居高阳，利粮道以战则利。

10-03 La tereno, kien oni facile eniras sed el kie oni malfacile eliras, estas nomata la komplika. Sur tia tereno, se la malamiko ne estas preparita, oni povas fari surprizan atakon al li kaj lin venki. Se, kontraŭe, la malamiko estas plene preparita por via alveno kaj vi faras atakon, tiam vi lin ne venkos, kaj vi havos malfacilon reveni de tie. Tio certe estos por vi katastrofo.

可以往，难以返，曰挂。挂形者，敌无备，出而胜之，敌若有备，出而不胜，难以返，不利。

10-04 La tereno, kiu estas evitenda kiel por la malamiko, tiel ankaŭ por vi, por fari elatakon, estas nomata la malavantaĝa. Sur tia tereno, eĉ se la malamiko proponas al vi logaĵon, vi ne devas fari elatakon, sed, anstataŭe, fari ŝajnigon de retiriĝo. Kiam la trupoj de la malamiko eliras kaj estas duonvoje por vin postkuri, vi povas doni al li frapon kun avantaĝo.

我出而不利，彼出而不利，曰支。支形者，敌虽利我，我无出也，引而去之，令敌半出而击之，利。

10-05 Sur tereno malvasta, vi devas la unua ekokupi kaj bloki la mallarĝajn pasejojn per sufiĉaj fortaj trupoj, por atendi la malamikon. Sed se la malamiko la unua ekokupas tian terenon kaj blokas la pasejojn per fortaj trupoj, vi ne devas lin ataki.

隘形者，我先居之，必盈之以待敌。若敌先居之，盈而勿从，不盈而从之。

10-06 Sur tereno danĝera, se vi la unua ekokupas ĝin, vi devas preni kiel vian pozicion la altaĵojn, kiuj donas vidon al la suno, kaj atendas tie la malamikon. Se la malamiko la unua ekokupas tian terenon, vi devas retiriĝi kaj ne fari al li atakon.

险形者，我先居之，必居高阳以待敌；若敌先居之，引而去之，勿从也。

10-07 Sur tereno malproksima, se la du militantaj partioj estas en egala forto, estas nekonvene provoki la kontraŭulon al batalo. Se vi devigas vin fari batalon, tio certe estos por vi malavantaĝo.

远形者，势均难以挑战，战而不利。

10-08 Tiuj ses estas la principoj, kiujn oni devas observi por profiti de la tereno. La komandanto havas la grandan devon zorge studi ilin.

凡此六者，地之道也，将之至任，不可不察也。

10-09 La komandanto devas koni ankaŭ ses situaciojn, kiuj kaŭzas malvenkon al armeo, nome: fuĝo, malstreĉiĝo, kolapso, ruiniĝo, malordiĝo, disvenkiĝo. Ili estas ŝuldataj ne al la naturaj katastrofoj, sed al la eraroj de la komandanto.

故兵有走者、有驰者、有陷者、有崩者、有乱者、有北者。凡此六者，非天地之灾，将之过也。

10-10 Se la strategiaj avantaĝoj de la du militantaj partioj estas preskaŭ egalaj kaj se unu el la du atakas la alian, kiu estas dekoble pli forta, la rezulto certe estos la fuĝo de la malforta partio.

Se la soldatoj estas bravaj kaj fortaj, dum la oficiroj estas nekompetentaj kaj malkuraĝaj, la rezulto certe estos la malstreĉiĝo en la disciplino de la armeo.

Se la oficiroj estas bravaj kaj kompetentaj, dum la soldatoj estas malfortaj kaj ne bone trejnitaj, la rezulto certe estos kolapso de la tuta armeo.

Se la komandanto ne konas la kapablojn de siaj superaj oficiroj, kaj tiuj ĉi koleras kontraŭ li kaj, lin ne obeante, spontanee ĵetas sin en la batalon, la rezulto certe estos la ruiniĝo de la trupoj.

Se la komandanto estas malforta kaj nekompetenta kaj ne ĝuas aŭtoritatecon, se la oficiroj kaj la soldatoj ne plu respektas la disciplinon, kaj se la formacioj de la trupoj estas senordaj, la rezulto certe estos ekstrema malordiĝo.

Se la komandanto, ne kapabla ĝuste taksi la forton de la malamiko, uzas malgrandan forton por ataki grandan forton aŭ malfortajn trupojn por frapi la fortajn kaj samtempe ne elektas elitajn trupojn kiel avangardon, la rezulto certe estos la disvenkiĝo.

- *avangardo*: antaŭo, antaŭtaĉmento.

夫势均，以一击十，曰走；卒强吏弱，曰驰；吏强卒弱，曰陷；大吏怒而不服，遇敌怼而自战，将不知其能，曰崩；将弱不严，教道不明，吏卒无常，陈兵纵横，曰乱；将不能料敌，以少合众，以弱击强，兵无选锋，曰北。

10-11 Tiuj ĉi supre menciitaj ses okazoj estas la kaŭzoj de malvenko. La komandanto havas la grandan devon zorge studi ilin.

凡此六者，败之道也，将之至任，不可不察也。

10-12 La tereno estas grava helpa faktoro favora al la batalo. Ĝuste juĝi la situacion de la malamiko, krei kondiĉojn por atingi la venkon, zorge analizi la malfacilecon de la naturaj danĝeroj, kaj precize kalkuli la distancojn de terenoj: tiuj ĉi faktoroj konsistigas la bazan arton de la eminenta komandanto.

夫地形者，兵之助也。料敌制胜，计险隘远近，上将之道也。

10-13 Tiu, kiu bone konas tiujn ĉi faktorojn kaj lerte uzas ilin en la komandado de la militaj agadoj, certe gajnos siajn batalojn. Alie, la malvenko estas neevitebla.

知此而用战者必胜，不知此而用战者必败。

10-14 Tial, laŭ la analizo de la leĝoj de la milito, se oni estas certa pri la venko, oni povas ataki, eĉ se la suvereno donas la ordonon ne ataki; kontraŭe, se oni ne estas certa pri la venko, oni ne devas ne ataki, eĉ se la suvereno donas la ordonon fari atakon.

故战道必胜，主曰无战，必战可也；战道不胜，主曰必战无战可也。

10-15 Tial la komandanto, kiu antaŭeniras sen ĉasi sian gloron kaj retiriĝas sen eviti la respondecon, kaj kies celo estas nur protekti sian regnon kaj fari bonan servon al sia suvereno, estas juvelo grandvalora por la regno.

故进不求名，退不避罪，唯民是保，而利于主，国之宝也。

10-16 Se la komandanto rigardas siajn soldatojn kiel siajn infanojn, tiam tiuj ĉi volonte sekvos lin por sperti kun li ĉiajn elprovojn, eĉ eniri en la plej profundajn valojn. Se li traktas ilin kiel siajn plej amatajn filojn, ili estos pretaj volonte morti kun li en la batalo.

视卒如婴儿，故可以与之赴深溪；视卒如爱子，故可与之俱死。

10-17 Kaj tamen, se la komandanto estas indulga al siaj subuloj ĝis tia grado, ke li ne scias krei sian aŭtoritaton super ili kaj bone uzi ilin, se li amas ilin ĝis tia grado, ke li ne povas obeigi ilin al siaj ordonoj, se liaj soldatoj malobservas la disciplinon kaj li ne ilin punas, tiam tiaj soldatoj estos kiel eldorlotitaj infanoj kaj taŭgos por nenia batalo.

厚而不能使，爱而不能令，乱而不能治，譬若骄子，不可用也。

10-18 Se ni scias nur, ke niaj trupoj estas kapablaj fari atakon al la malamiko, sed ni ne scias, ke li estas malfacile venkebla, tiuokaze nia ŝanco de venko estas nur duona.

知吾卒之可以击，而不知敌之不可击，胜之半也。

10-19 Se ni scias nur, ke la malamiko estas venkebla, sed ni ne scias, ke niaj trupoj ne estas kapablaj fari atakon al li, tiuokaze nia ŝanco de venko estas nur duona.

知敌之可击，而不知吾卒之不可以击，胜之半也。

10-20 Se ni scias, ke la malamiko estas venkebla kaj ke niaj trupoj estas kapablaj fari atakon, sed ni ne scias, ke la formo de la tereno ne estas favora al nia atako, tiuokaze nia ŝanco de venko estas nur duona.

知敌之可击，知吾卒之可以击，而不知地形之不可以战，胜之半也。

10-21 Tial tiu, kiu estas sperta en la militaj agadoj, movas siajn trupojn sen perdi sian direkton kaj celon, kaj liaj taktikoj kontraŭ la malamiko estas nelimigitaj.

故知兵者，动而不迷，举而不穷。

10-22 Jen kial estas dirite: Konu kiel vian malamikon, tiel ankaŭ vin mem, kaj via venko estos certigita; konu kiel la veterajn kondiĉojn, tiel ankaŭ la terenon, kaj via venko estos kompleta.

故曰：知彼知己，胜乃不殆；知天知地，胜乃可全。

# §11 – La naŭ specoj de tereno – 九地篇

11-01 Sunzi diris:

La militarto konas naŭ specojn de tereno. Ili estas: disiga tereno, landlima tereno, prikonkurata tereno, malferma tereno, fokusa tereno, profunda tereno, malfacila tereno, ĉirkaŭbarita tereno, kaj desperiga tereno.

- *desperiga* → malesperiga.

孙子曰：用兵之法，有散地，有轻地，有争地，有交地，有衢地，有重地，有圮地，有围地，有死地。

11-02 Kiam la suvereno militas sur sia propra teritorio, li sin trovas sur disiga tereno, ĉar la regiono facile kaŭzas disiĝon de liaj trupoj pro ties hejmsopiro.

诸侯自战其地者，为散地。

11-03 Kiam oni penetras nur iom profunden sur la teritorio de la malamiko, oni sin trovas sur landlima tereno.

入人之地不深者，为轻地。

11-04 Se la tereno estas egale avantaĝa por ĉiu el la du militantaj partioj, ĝi estas nomata prikonkurata tereno.

我得亦利，彼得亦利者，为争地。

11-05 Se la tereno estas egale alirebla por ĉiu el la du militantaj partioj, ĝi estas nomata malferma tereno.

我可以往，彼可以来者，为交地。

11-06 Se la tereno limtuŝiĝas kun pluraj regnoj, kaj se tiu, kiu la unua ekokupas ĝin, akiras la subtenon de la aliaj najbaraj regnoj, ĝi estas nomata fokusa tereno.

诸侯之地三属，先至而得天下众者，为衢地。

11-07 Se la armeo penetras profunden sur la teritorio de la

malamiko, lasante multajn fortikigitajn urbojn malproksime malantaŭ si, tiam la armeo sin trovas sur profunda tereno.

入人之地深，背城邑多者，为重地。

11-08 La tereno kun montaj arbaroj, danĝeraj krutaĵoj, marĉejoj ktp, kiuj estas malfacile traireblaj, estas nomata malfacila tereno.

山林、险阻、沮泽，凡难行之道者，为圮地。

11-09 La tereno, al kiu oni aliras nur per mallarĝa gorĝo kaj el kiu oni retiriĝas per zigzagaj vojetoj, tiel ke tie malgranda trupo povus esti sufiĉa por venki grandan armeon, estas nomata ĉirkaŭbarita tereno.

所由入者隘，所从归者迂，彼寡可以击吾之众者，为围地。

11-10 La tereno, sur kiu la armeo povas savi sin de pereo nur per rapida batalo kun la energio de despero aŭ alie ĝi pereos, estas nomata despera tereno.

- *despero*: → malespero; *desperiga*: malesperiga.

疾战则存，不疾战则亡者，为死地。

11-11 Tial, sur la disiga tereno estas nekonvene konduki batalon; sur la landlima tereno oni ne devas halti; sur la prikonkurata tereno oni ne devas facilanime fari atakon; sur la malferma tereno la komunikiĝo inter la trupoj ne devas esti tranĉita; sur la fokusa tereno oni devas alianciĝi kun la najbaraj regnoj; sur la profunda tereno oni devas sin provizi per rabitaj materialoj; sur la malfacila tereno oni devas rapide trapasi ĝin; sur la ĉirkaŭbarita tereno oni devas sin turni al artifikoj por eskapi; sur la desperiga tereno oni devas brave batali por sin eltiri el ĝi.

是故散地则无战，轻地则无止，争地则无攻，交地则无绝衢地则合交，重地则掠，圮地则行，围地则谋，死地则战。

11-12 En la antikveco, tiuj, kiuj estis lertaj en la komandado de la militaj agadoj, sciis perdigi al la malamiko la kontakton inter lia avangardo kaj lia ariergardo, malebligi al la malamiko kunordigi la militajn agadojn inter lia ĉefa forto kaj liaj malgrandaj trupunuoj, kaj malhelpi al liaj superuloj kaj subuloj, oficiroj kaj soldatoj, doni savon unuj al la aliaj. Kiam la soldatoj de la malamiko estis disigitaj, ili neniel povis rekoncentriĝi; kaj eĉ se ili estus kolektitaj, ili ne povus plu formi vicojn en bona ordo.

- *avangardo*: antaŭo, antaŭtaĉmento;
- *ariergardo*: malantaŭo, malantaŭa taĉmento.

所谓古之善用兵者，能使敌人前后不相及，众寡不相恃，贵贱不相救，上下不相收，卒离而不集，兵合而不齐。

11-13 La lertaj generaloj faris atakojn nur tiam, kiam la situacio estas favora al ili; alie, ili sin detenis de ekago.

合于利而动，不合于利而止。

11-14 Se oni min demandas: “Kion do ni faru, se granda kaj bone organizita armeo de la malamiko venos nin ataki?” Jen mia respondo: “Kaptu antaŭ ĉio tion, kion la malamiko rigardas la plej grava, kaj poste li fariĝos obeema kaj agos laŭ viaj deziroj.”

敢问:“敌众整而将来，待之若何？”曰：“先夺其所爱，则听矣。”

11-15 Rapideco estas la esenco de la milito. Tio signifas profiti de la nepreparitecо de la malamiko, iri vojojn, kiuj estas al li neantaŭviditaj, kaj ataki lin tie, kie lia batal-preteco estas plej nesufiĉa.

兵之情主速，乘人之不及，由不虞之道，攻其所不戒也。

11-16 Kiam vi batalas sur la teritorio de la malamiko, ĝenerale la principoj de agado estas la jenaj:

Ju pli profunden vi penetras, des pli alta estas la batalspirito de via armeo, kaj des pli malfacile estos al la tieaj defendantoj vin venki.

Se vi eniras en regionon fekundan, vi devas fari prirabon al ĝi, por sufiĉe provianti vian armeon.

Zorgu, ke viaj soldatoj havu ripozon kaj viaj trupoj ricevu necesan reorganizon.

Ne tro lacigu la soldatojn.

Penu teni ilin en alta batalspirito kaj akumuli ilian energion.

Lerte faru dispozicion de la trupoj kaj uzu sagacajn taktikojn, tiel ke viaj intencoj estas neniel sondeblaj por la malamiko.

凡为客之道，深入则专。主人不克，掠于饶野，三军足食;谨养而勿劳，并气积力;运兵计谋，为不可测。

11-17 Ĵetu viajn soldatojn en seneliran situacion, kaj ili ne eskapos eĉ fronte al la morto. Ne timante la morton, ili batalos per ĉiuj siaj fortoj kaj havos nenion, kion ili ne kuraĝus fari.

投之无所往，死且不北。死焉不得，士人尽力。

11-18 Estante en la lasta ekstremo, la soldatoj perdos la senton de timo. Kiam troviĝos neniu ebla elirejo, ilia batalvolo plifirmiĝos. Kiam ili profundiĝos en la teritorion de la malamiko, ili estos unuj kun la aliaj ligitaj. Ĉar tie estos neniu alia elekto, ili povos fari nenion alian, ol batali ĝismortan batalon.

兵士甚陷则不惧，无所往则固，深入则拘，不得已则斗。

11-19 Sekve, la trupoj sub tiaj cirkonstancoj ne bezonas esti admonataj por esti en alarmpreteco; sen esti insiste petataj, ili volontos plenumi ĉian taskon al ili difinitan; sen esti submetitaj al severaj limigoj, ili al vi fidele alkroĉiĝos; sen ke vi donus ordonojn, ili havos fidon al vi; kaj sen ke vi malpermesus la superstiĉon kaj dispelus iliajn dubojn, la soldatoj de tiu ĉi armeo ne retiriĝos, nek dizertos eĉ antaŭ la morto.

是故其兵不修而戒，不求而得，不约而亲，不令而信，禁祥去疑，至死无所之。

11-20 La kaŭzo, kial niaj soldatoj havas nenian superfluan monon, ne kuŝas en tio, ke ili malŝatas riĉaĵon; kaj la kaŭzo, kial ili ne havas timon antaŭ la morto, ne kuŝas en tio, ke ili malŝatas longvivecon.

吾士无余财，非恶货也；无余命，非恶寿也。

11-21 En la tago, kiam la ordono de batalo estas donita, la larmoj de la sidantaj soldatoj malsekigas iliajn vestojn; kaj tiuj, kiuj kuŝas, banas sin en siaj larmoj. Sed, se ili estas ĵetitaj en seneliran situacion, ili montros la kuraĝon de Zhuan Zhu kaj de Cao Gui [Zhuan Zhu kaj Cao Gui ambaŭ estis famaj herooj en la periodo *Printempoj kaj Aŭtunoj*. –trad.].

令发之日，士卒坐者涕沾襟，偃卧者涕交颐，投之无所往诸、刿之勇也。

11-22 La lertaj taktikistoj devas esti kapablaj fari la trupojn similaj al la legenda serpento sur la monto Chang [la monto Chang: alia nomo de la monto Heng, unu el la kvin sanktaj montoj de Ĉinio. –trad.]. Kiam oni batas ĝian kapon, ĝia vosto venos doni sian helpon; kiam oni batas ĝian voston, ĝia kapo venos doni sian helpon; kiam oni batas ĝian mezon, tiam oni estos atakata kiel de ĝia kapo, tiel ankaŭ de ĝia vosto.

故善用兵者，譬如率然。率然者，常山之蛇也。击其首则尾至，击其尾则首至，击其中则首尾俱至。

11-23 Se oni min demandas: “Ĉu eblas fari la trupojn similaj al la legenda serpento?” Jen mia respondo: “Tio estas ebla.”

Ĉiu scias, ke la popolo de la regno Wu kaj la popolo de la regno Yue estas malamikaj unu kontraŭ la alia. Sed, se ili veturus sur la sama ŝipo en ŝtormo, ili certe kunlaborus kaj helpus unu la alian, same kiel la dekstra kaj la maldekstra manoj.

敢问兵可使如率然乎？曰可。夫吴人与越人相恶也，当其同舟而济而遇风，其相救也如左右手。

11-24 Tial, por ke la stabileco regu en la armeo, oni ne devas kalkuli je la ŝnurligo de la batalĉevaloj kaj la enterigo de la militĉaraj radoj [“ŝnurligo de la batalĉevaloj kaj enterigo de la militĉaraj radoj”: esprimo signifanta firman decidon batali ĝis la fino –trad.]. Por ke la trupoj manifestu unuforman bravecon, oni nepre devas bone administri kaj lerte komandi la armeon. Por ke ĉiuj soldatoj, fortaj kaj malfortaj, povu plene disvolvi sian kapablon, oni nepre devas profiti de la tereno en konvena maniero.

是故方马埋轮，未足恃也；齐勇如一，政之道也；刚柔皆得，地之理也。

11-25 Tial tiuj, kiuj estas lertaj en la komandado de armeo, povas fari la tutan armeon tiel unuecigita, kiel unuopa homo, ĉar la objektiva situacio tion postulas.

故善用兵者，携手若使一人，不得已也。

11-26 Komandante sian armeon, la komandanto devas havi menson serenan kaj nesondeblan. Li devas administri sian armeon en maniero justa kaj severa.

将军之事，静以幽，正以治。

11-27 Li devas scii trompi la aŭdon kaj la vidon de siaj oficiroj kaj soldatoj, kaj teni ilin en nesciado pri liaj militaj planoj.

能愚士卒之耳目，使之无知。

11-28 Ŝanĝante la agajn dispozicojn kaj modifante la antaŭpretigitajn planojn, li povas teni la malamikon sen klara scio pri liaj celoj. Ŝanĝante la lokon de sia tendaro kaj antaŭenirante per zigzagaj vojoj, li povas fari siajn intencojn nepenetreblaj.

易其事，革其谋，使人无识；易其居，迂其途，使民不得虑。

11-29 Post kiam li donas ordonojn al siaj subuloj, li devas bari al ili la revenvojon, same kiel se oni forigas la ŝtupetaron de sub la piedoj de tiu, kiu jam grimpis ĝis la supro. Li kondukas siajn trupojn eniri profunde en la teritorion de la malamiko kaj brave antaŭeniri, same kiel la sagoj pafitaj per arbalestoj.

帅与之期，如登高而去其梯；帅与之深入诸侯之地，而发其机。

11-30 Li ordonas bruligi la ŝipojn kaj detrui kaldronojn, por fari la soldatojn rezolutaj en batalo; li kondukas siajn soldatojn jen en unu direkto, jen en alia, kiel se oni pelas aron da ŝafoj, tiel ke neniu el ili scias, kien ili estas direktataj.

焚舟破釜，若驱群羊，驱而往，驱而来，莫知所之。

11-31 Li kolektas sian tutan armeon kaj metas ĝin en danĝeran situacion, por ke ĝi batalu kiel eble plej brave, – jen la grava afero, kiun la komandanto devas fari.

聚三军之众，投之于险，此谓将军之事也。

11-32 Estas nepre necese studi konscience la malsamajn taktikojn konvenajn al tiuj naŭ specoj de terenoj, la avantaĝojn kaj la malavantaĝojn de la ofensivo aŭ de la defensivo, kaj ankaŭ la malsamajn spiritstatojn de la oficiroj kaj de la soldatoj.

- de la *ofensivo* aŭ de la *defensivo*: de atako aŭ defendo.

九地之变，屈伸之利，人情之理，不可不察也。

11-33 Ĝenerale, kiam vi batalas sur malamika teritorio, ju pli via armeo penetras profunden, des pli alta kaj firma estas ĝia batalspirito; en la kontraŭa okazo, la batalspirito facile fariĝas malstreĉita.

凡为客之道，深则专，浅则散。

11-34 Kiam vi forlasas vian regnon kaj transiras la landlimon por batali, vi eniras en la regionon, kiu estas nomata tereno danĝere izolita.

La regiono, kiu estas alirebla en ĉiuj direktoj, estas nomata tereno fokusa.

Kiam vi penetras profunde en la teritorion de la malamiko, vi estas sur tereno profunda.

Kiam vi penetras nur iom profunde, vi estas sur tereno landlima.

Se vi alvenas al loko kun fortikaĵoj de la malamiko post via dorso kaj kun mallarĝa pasejo antaŭ vi, vi estas sur tereno ĉirkaŭbarita.

Kaj kiam vi eniras en regionon, kie troviĝas nenia vojo por retiriĝo, vi estas sur tereno despera.

- *despera* (envere: desperiga): malesperiga.

去国越境而师者，绝地也；四通者，衢地也；入深者，重地也；入浅者，轻地也；背固前隘者，围地也；无所往者，死地也。

11-35 Tial, kiam vi estas sur tereno disiga, vi devas unuecigi la batalvolon de viaj soldatoj.

Kiam vi estas sur tereno landlima, vi devas strikte kunligi ĉiujn partojn de via armeo.

Kiam vi estas sur tereno prikonkurata, vi devas plirapidigi la postajn trupojn de via armeo, ke ĝi sekvu la avangardon.

Kiam vi estas sur tereno malferma, vi devas dediĉi viglan atenton al via defenda sistemo.

Kiam vi estas sur tereno fokusa, vi devas plifirmigi vian aliancon kun la najbaraj regnoj.

Kiam vi estas sur tereno profunda, vi devas certigi la kontinuadon de la provizoj.

Kiam vi estas sur tereno malfacila, vi devas trapasi ĝin plenrapide.

Kiam vi estas sur tereno ĉirkaŭbarita, vi devas bloki ĉiujn ĝiajn al- kaj el-irejojn.

Kiam vi estas sur tereno despera, vi devas montri al viaj soldatoj, ke ekzistas neniu alia elekto krom ĝismorte batali.

- *avangardo*: antaŭo, antaŭtaĉmento;
- *kontinua*: daŭra, konstanta;
- despera: malesperiga.

是故散地，吾将一其志；轻地，吾将使之属；争地，吾将趋其后；交地，吾将谨其守；衢地，吾将固其结；重地吾将继其食，圮地，吾将进其途；围地，吾将塞其阙；死地，吾将示之以不活。

11-36 Sekve la komandanto devas koni la psikan staton de la soldatoj: ili rezistas tiam, kiam ili estas ĉirkaŭitaj; ili ĝismorte batalas tiam, kiam ekzistas neniu alia rimedo sin helpi; ili obeeme sekvas la ordonon tiam, kiam ili sin trovas en situacio danĝera.

故兵之情：围则御，不得已则斗，过则从。

11-37 Ne sciante la strategian intencon de la suverenoj de la najbaraj regnoj, ni ne povas alianciĝi kun ili; ne konante la topografiajn kondiĉojn koncernantajn la montojn, la arbarojn, la danĝerajn krutaĵojn, la marĉojn ktp, ni ne devas ne marŝigi niajn trupojn; ne dungante lokajn gvidantojn, ni neniel povas profiti de la avantaĝoj de la tereno.

是故不知诸侯之谋者，不能预交；不知山林、险阻、沮泽之形者，不能行军；不用乡导，不能得地利。

11-38 Tiu, kiu ne scias pri la avantaĝoj kaj la malavantaĝoj de la variaj batalaj pozicioj, ne povas komandi armeon tiel potencan, kiel tiu de hegemonia ĉefo.

四五者，一不知，非霸王之兵也。

11-39 Kiam la armeo de hegemonia ĉefo atakas potencan regnon, tiu ĉi lasta estas en neebleco kolekti siajn trupojn kaj sian popolon por rezisto. Kien ajn tia armeo venas, ĝia potenco timigas la malamikan regnon kaj malebligas al aliaj regnoj alianciĝi kun ĝi.

夫霸王之兵，伐大国，则其众不得聚；威加于敌，则其交不得合。

11-40 Tial, la regno, kiu posedas tian potencan armeon, ne bezonas peni alianciĝi kun aliaj regnoj, nek bezonas formi siajn fortojn en tiuj ĉi regnoj. Sufiĉas nur etendi siajn proprajn strategiajn intencojn kaj teni la malamikon en timo per sia influo, por preni la urbojn de la malamiko kaj detrui lian ĉefurbon.

是故不争天下之交，不养天下之权，信己之私，威加于敌则其城可拔，其国可隳。

11-41 Donacu rekompencojn sen konsidero pri la konvencioj, donu ordonojn sen konsidero pri la rutino, kaj vi povos komandi la tutan armeon tiel facile, kvazaŭ vi manipulus unuopan homon.

施无法之赏，悬无政之令。犯三军之众，若使一人。

11-42 Donu taskojn de batalo al viaj trupoj sen lasi ilin scii pri viaj intencoj; montru al ili la favorajn kondiĉojn sen diri al ili la malavantaĝojn kaj la eblajn danĝerojn.

犯之以事，勿告以言；犯之以利，勿告以害。

11-43 Ĵetu vian armeon en morte danĝeran situacion, kaj ĝi povos elsaviĝi; metu ĝin en la lastan ekstremon, kaj ĝi batalos vivriskan batalon kaj plu vivos, ĉar nur en tia situacio la armeo kapablos turni la malvenkon en venkon.

投之亡地然后存，陷之死地然后生。夫众陷于害，然后能为胜败。

11-44 La sukceso en militaj agoj kuŝas en la zorga studado de la intencoj de la malamiko. Koncentru viajn fortojn en unu ĉefan direkton kontraŭ la malamiko, kaj vi povos mortigi lian komandanton, kiu estas fore je mil lioj. Jen kio estas nomata "uzo de artifiko por efektivigi grandajn taskojn".

- *lio*: ĉina mezurunuo egala je 536,33 metroj.

故为兵之事，在顺详敌之意，并敌一向，千里杀将，此谓巧能成事者也。

11-45 En la tago, kiam vi decidas batali, vi devas fermi ĉiujn pasejojn, nuligi la paspermesojn, malpermesi la ir-kaj-reirojn de la senditoj de la malamiko, kaj fari sekretan interkonsiliĝon en la templo, por preni strategiajn decidojn.

是故政举之日，夷关折符，无通其使，厉于廊庙之上，以诛其事。

11-46 Kiam vi trovas malfortan punkton en la defendo de la malamiko, senprokraste kaptu la okazon kaj ĝin trarompu.

敌人开阖，必亟入之。

11-47 Kaptu la gravajn strategiajn punktojn, antaŭ ol la malamiko venos, kaj ne facilanime fiksu rendevuon kun li por decida batalo.

先其所爱，微与之期。

11-48 Plenumante viajn planojn, vi devas modifi ilin laŭ la ŝanĝiĝanta situacio de la malamiko, por atingi la venkon.

践墨随敌，以决战事。

11-49 Tial, vi devas esti, antaŭ la batalo, tiel retiriĝema, kiel timida virgulino, sed, kiam la malamiko lasas vidiĝi siajn malfortajn punktojn, tuj ataku lin tiel rapide, kiel leporo, por fari lin nekapabla ĝustatempe rezisti al vi.

- *timida*: timema.

是故始如处女，敌人开户；后如脱兔，敌不及拒。

# §12 – La atako per fajro – 火攻篇

12-01 Sunzi diris:

Ekzistas kvin specoj de atako per fajro. La unua estas bruligi la trupojn de la malamiko; la dua, la provizaĵojn; la tria, la ĉarojn de transportado; la kvara, la tenejojn; la kvina, la proviz-linion.

孙子曰：凡火攻有五：一曰火人，二曰火积，三曰火辎，四曰火库，五曰火队。

12-02 Por fari atakon per fajro necesas iaj kondiĉoj kaj preparitaj materialoj.

行火必有因，烟火必素具。

12-03 Ekzistas tempoj favoraj kaj tagoj konvenaj por ekbruligi la fajron.

发火有时，起火有日。

12-04 La konvena sezono por fajra atako estas tiam, kiam la vetero estas seka; la konvenaj tagoj por ekbruligi la fajron estas tiam, kiam la luno estas en la konstelacioj de la Kribrilo, la Muro, la Flugilo aŭ la Transversa Stango [ĉi tiuj estas kvar el la 28 konstelacioj, en kiujn la ĉiela sfero estis dividita en la antikva ĉina astronomio –trad.], ĉar, kiam la luno estas en tiuj pozicioj, forta vento leviĝas.

时者，天之燥也。日者，月在箕、壁、翼、轸也。凡此四宿者，风起之日也。

12-05 Por fari fajran atakon necesas fari fleksеblan respondon, sendante trupojn por doni helpon, laŭ la ŝanĝiĝantaj cirkonstancoj kaŭzitaj de tiuj kvin specoj de fajra atako.

凡火攻，必因五火之变而应之。

12-06 Kiam la incendio leviĝas en la tendaro de la malamiko, necesas tuj fari kunagon sendante trupojn por fari atakon de ekstere.

火发于内，则早应之于外。

12-07 Sed se la trupoj de la malamiko restas kvietaj fronte al la fajro, vi devas pacience atendi, kaj ne tuj faru atakon. Kiam la flamoj atingas sian ardecon, vi povas, profitante de la okazo, fari atakon, se la cirkonstancoj tion permesas. Se ne, restu tie, kie vi estas, kaj rigardu.

火发而其兵静者，待而勿攻，极其火力，可从而从之，不可从而止。

12-08 Se vi povas estigi incendiojn de ekstere de la malamika tendaro, ne necesas al vi atendi kunagon de interne, sed elektu favoran momenton por ekbruligi la incendiojn kaj fari atakon.

火可发于外，无待于内，以时发之。

12-09 Kiam la incendio estiĝas, loku vin alvente de la fajro, kaj ne ataku subvente.

火发上风，无攻下风。

12-10 La vento, kiu blovas longatempe dum la tago, probable kvietiĝos dum la nokto.

昼风久，夜风止。

12-11 La armeo devas scii lerte utiligi tiujn kvin formojn de fajra atako kaj atendi la favoran tempon, por fari tian atakon.

凡军必知五火之变，以数守之。

12-12 Tial la komandanto, kiu uzas fajron por subteni siajn atakojn, certe povas atingi rimarkindajn rezultojn; kaj tiu, kiu uzas akvon por plifortigi siajn atakojn, povas montri, ke li estas potenca. Kaj, kvankam la akvo povas izoli la malamikon, ĝi ne povas senigi lin je liaj provizoj kaj ekipaĵoj.

故以火佐攻者明，以水佐攻者强。水可以绝，不可以夺。

12-13 Gajni batalojn kaj konkeri teritoriojn kaj urbojn kaj tamen malsukcesi en la plifirmigo kaj disvolvo de la rezultoj, – tio estas aŭguro de danĝero; kaj tio estas nomata “malŝparo de tempo kaj forto”.

- *aŭguro*: antaŭsigno.

夫战胜攻取，而不修其功者，凶，命曰“费留”。

12-14 Tial oni diras: La saĝa suvereno devas preni tiun ĉi problemon en seriozan konsideradon, kaj la bona komandanto devas doni atenton al ĝia solvo.

故曰：明主虑之，良将修之。

12-15 Ne sendu viajn trupojn, se vi ne vidas en tio avantaĝon; ne uzu vian armeon, se vi ne estas certa pri via venko; kaj neniam sendu trupojn en hastan batalon, se vi ne troviĝas en danĝera situacio.

非利不动，非得不用，非危不战。

12-16 La suvereno ne devas ne fari militon nur pro ekkolero, nek la komandanto ekspedi siajn trupojn al batalo nur pro indigno.

主不可以怒而兴师，将不可以愠而致战。

12-17 Uzu la armean forton nur tiam, kiam tio estas avantaĝa por vi. Se ne, restu tie, kie vi estas, kaj ne ekagu.

合于利而动，不合于利而止。

12-18 La kolero povas turniĝi en ĝojon, kaj indigno en kontentecon, sed la regno, kiu pereis, neniel povas reviviĝi, nek la homo, kiu mortis, povas reveni al la vivo.

怒可以复喜，愠可以复说，亡国不可以复存，死者不可以复生。

12-19 Tial, koncerne la militon, la saĝa suvereno devas esti singarda, kaj la bona komandanto, vigle atenta. Tio estas grava principo sekvenda por teni la regnon en paco kaj sekureco, kaj la armeon en bona stato.

故明主慎之，良将警之。此安国全军之道也。

# §13 – La uzo de spionoj – 用间篇

13-01 Sunzi diris:

Kiam armeo el cent mil oficiroj kaj soldatoj estas sendita al milito malproksimen je mil lioj, tiam la popolo kaj la regna trezorejo kune devas elspezi mil mezurojn da oro ĉiutage por subteni ĝin. Regos konstanta maltrankvilo kaj daŭra tumulto en kaj ekster la regno, kaj multegaj ordinaraj popolanoj implikitaj en la proviantado estos lacigitaj pro la plenumo de la transportaj servoj. Proksimume sepcent mil familioj ne povos plu kulturi siajn kampojn.

- *lio*: ĉina mezurunuo egala je 536,33 metroj.

孙子曰：凡兴师十万，出征千里，百姓之费，公家之奉，日费千金，内外骚动，怠于道路，不得操事者，七十万家。

13-02 La du armeoj povas alfronti unu la alian dum pluraj jaroj, antaŭ ol venos la tago de la decida batalo. Estante en tia stadio, se la komandanto, domaĝante elspezojn de cent mezuroj da oro, ne dungas, nek honoras spionojn, li restas en nesciado pri la situacio de la malamiko kaj, rezulte de tio, perdas la batalon. Tio estas, kompreneble, lia kompleta manko de humaneco. Tiu, kiu agas en tia maniero, ne meritas esti bona komandanto inda je siaj soldatoj, nek kompetenta asistanto ĉe la suvereno, nek la mastro de la venko.

相守数年，以争一日之胜，而爱爵禄百金，不知敌之情者不仁之至也，非民之将也，非主之佐也，非胜之主也。

13-03 Tial, se la saĝa suvereno kaj la kompetenta komandanto venkas la malamikon ĉiufoje, kiam ili kondukas batalon, kun atingoj superantaj tiujn de la ordinaruloj, tio estas ŝuldata al ilia anticipa konado de la situacio de la malamiko.

故明君贤将所以动而胜人，成功出于众者，先知也。

13-04 Tiu anticipa konado ne povas esti akirita pere de fantomoj kaj dioj, nek el la analogio kun similaj okazaĵoj, nek el astronomiaj fenomenoj; ĝi povas veni nur de tiuj, kiuj bone konas la situacion de la malamiko.

先知者，不可取于鬼神，不可象于事，不可验于度，必取于人，知敌之情者也。

13-05 Ekzistas kvin specoj de spionoj uzeblaj: lokaj spionoj, internaj spionoj, konvertitaj aŭ duoblaj spionoj, pereontaj spionoj, kaj supervivantaj spionoj.

故用间有五：有因间，有内间，有反间，有死间，有生间。

13-06 Kiam tiuj ĉi kvin specoj de spionoj estas samtempe uzataj en absoluta kaŝiteco, la malamiko neniel povas sciiĝi pri la maniero de nia uzo de ili. Tiu ĉi mistera kaj nesondebla metodo formas trezoran armilon de la suvereno por venki la malamikon.

五间俱起，莫知其道，是谓神纪，人君之宝也。

13-07 La lokaj spionoj estas loĝantoj de la malamika regno, kiujn ni dungas.

因间者，因其乡人而用之。

13-08 La internaj spionoj estas oficistoj de la malamika regno, kiujn ni utiligas.

内间者，因其官人而用之。

13-09 La konvertitaj aŭ duoblaj spionoj estas spionoj de la malamiko, kiuj estas je nia dispono.

反间者，因其敌间而用之。

13-10 La pereontaj spionoj estas niaj propraj spionoj, al kiuj ni intence donas iajn falsajn informojn pri ni, por ke ili transdonu tiujn informojn al la malamikaj spionoj.

死间者，为诳事于外，令吾闻知之而传于敌间也。

13-11 La supervivantaj spionoj estas tiuj, kiuj povas reveni vivaj kun informoj pri la malamiko por raporti.

生间者，反报也。

13-12 Tial, el ĉiuj fidinduloj de la komandanto de la armeo, neniu estas pli intima al li, ol la spionoj; el ĉiuj rekompencoj neniu estas pli malavare donita, ol tiuj al la spionoj; kaj, el ĉiuj militaj sekretaj aferoj neniu estas pli konfidenca, ol tiuj rilate la uzon de spionoj.

故三军之事，莫亲于间，赏莫厚于间，事莫密于间。

13-13 Tiu, kiu ne estas saĝa, nek inteligenta, ne povas uzi spionojn; tiu, kiu ne estas humana, nek justa, ne povas direkti spionojn; tiu, kiu ne estas zorgema, nek subtila, ne povas akiri de spionoj verajn kaj certajn informojn.

非圣贤不能用间，非仁义不能使间，非微妙不能得间之实。

13-14 Subtile! Vere subtile! Estas ja neniu tempo, en kiu oni ne uzus spionojn; estas ja neniu loko, en kiu oni ne sin apogus sur la spionoj!

微哉微哉！无所不用间也。

13-15 Se la spionado estas malkaŝita al la malamiko, antaŭ ol komenciĝus la agado, la spiono kaj ĉiuj, al kiuj li jam diris la sekreton, devos esti metitaj al la morto.

间事未发而先闻者，间与所告者兼死。

13-16 Ĝenerale, se vi volas frapi trupojn de la malamiko, ataki liajn urbojn kaj murdi liajn generalojn kaj oficistojn, vi devas antaŭ ĉio sciiĝi pri la nomo de la komandanto de la garnizono, de liaj intimuloj, de liaj adjudantoj, de la gardistoj de la pordego, kaj de liaj korpogardistoj. Vi devas ordoni al viaj spionoj detale informiĝi pri ĉio ĉi tio.

凡军之所欲击，城之所欲攻，人之所欲杀，必先知其守将左右、谒者、门者、舍人之姓名，令吾间必索知之。

13-17 Vi devas eltrovi tiujn spionojn de la malamiko, kiuj estas senditaj spionadi kontraŭ vi. Subaĉetu ilin, traktu ilin favore, donu al ili instrukciojn kaj lasu ilin reiri, por ke ili servu al vi. Tiamaniere ili fariĝos konvertitaj aŭ duoblaj spionoj, kiuj laboros por vi.

必索敌间之来间我者，因而利之，导而舍之，故反间可得而用也。

13-18 Pere de la konvertitaj aŭ duoblaj spionoj ni povas

koni la situacion de la malamiko. Tiele la lokaj kaj la internaj spionoj povas esti varbitaj kaj dungitaj de vi; viaj pereontaj spionoj, kun falsaj informoj pri via armeo, povas esti senditaj ĉe la malamikon, por transdoni ilin al li; kaj la supervivantaj spionoj, kiujn vi sendis al la malamiko, povas reveni vivaj kaj raporti pri la situacio de la malamiko en la difinita tempo.

因是而知之，故乡间、内间可得而使也；因是而知之，故死间为诳事，可使告敌；因是而知之，故生间可使如期。

13-19 La suvereno devas havi plenan konon pri la uzo de tiuj kvin specoj de spionoj. Tia kono devenas ĉefe de la konvertitaj aŭ duoblaj spionoj, kaj tial ili meritas esti malavare rekompencitaj.

五间之事，主必知之，知之必在于反间，故反间不可不厚也。

13-20 En la pasinteco, la leviĝo de la dinastio Shang [la 16-a ĝis la 11-a jarcento a.K. –trad.] estis ŝuldata al Yi Zhi, kiu iam servis kiel ministro al la dinastio Xia; kaj la leviĝo de la dinastio Zhou [la 11-a ĝis la 2-a jarcento a.K. –trad.] estis ŝuldata al Jiang Ziya, kiu iam servis kiel ministro al la dinastio Shang.

昔殷之兴也，伊挚在夏；周之兴也，吕牙在殷。

13-21 Jen kial nur la saĝa suvereno kaj la kompetenta komandanto, kiuj kapablas eltrovi personojn plej inteligentajn kaj uzi ilin kiel spionojn, certe estas destinitaj por plenumi grandajn aferojn.

La uzo de la spionoj estas unu el la plej gravaj elementoj en la milito, ĉar de ĝi dependas la armeo en la decido de ĉiu sia milita ago.

故明君贤将，能以上智为间者，必成大功。此兵之要，三军之所恃而动也。

# Notoj de la redaktinto

Unue mi miris, ke WAMG Chongfang, la elstara tradukinto de gravaj pecoj de la antikva ĉina literaturo en Esperanton[3], proponis eldoni tekston pri militarto, ĝuste en momento, kiam en Eŭropo brulas milito, kiun pacamantoj abomenas – kvankam grandaj partoj de la tradicia pacmovado, precipe verduloj, nun eĉ oferas siajn klimatsavajn celojn por peli al milito …

Sed montriĝas, ke tiu ĉi antikva teksto en granda parto legeblas kvazaŭ komentoj al aktualaĵoj. Ĉe certaj paragrafoj ne eblas ne pensi pri sinsekvaj eraroj de la rusa armeo en Ukrainujo …

Kaj tute aparte de tio, tiu ĉi teksto donas interesajn enrigardojn en la tradicia ĉina konsiderado pri milito kun la fono ankaŭ de la militriĉa pasinteco, ekzemple de la longa erao de la Militantaj Regnoj.

Pri la traduka stilo ni havas okazon admiri la aŭtoron pro lia sukcesa klopodado esprimi sin per kiom eble plej fundamenta Esperanto kaj tiel faciligi la legadon al la "normalaj" Esperantistoj, kiuj ne speciale kultas tian "Esperanton", kia kompreneblas nur por kleruloj pri la franca kaj aliaj eŭropaj lingvoj. Sed tie, kie malgraŭ liaj dankindaj klopodoj tamen enŝteliĝis ne oficialaj vortoj, tiuj estas klarigataj tuj post la koncerna paragrafo. Kaj ĉar ni rajtas supozi, ke la plej multaj legantoj ne legas la libron de la komenco ĝis la fino, sed foliumas legante jen tiun, jen alian ĉapitron, ni enmetis la klarigon de fremdvortoj ankaŭ se ili plurfoje ripetiĝas en la libro, por eviti ĝenan foliumadon por serĉi klarigon pri koncerna fremdvorto.

*Vilhelmo Lutermano*

---

3 Interalie necesas mencii liajn tradukojn de:
– la Eldiroj de Konfuceo (aperonta fine de 2022, MAS-libro n-ro 274)
– la fama 5-voluma erotika romano Jin Ping Mei (aperonta fine de 2022, MAS-lkboj n-ro 285),
– Hong Yinming: CAI GEN TAN aŭ Maĉado de saĝoradikoj (aperonta fine de 2022, MAS-libro n-ro 271).
Krome, WANG Chongfang respondecas pri la – grandega! – Granda Vortaro Esperanto-Ĉina. Kompilita de WANG Chongfang. Omaĝe al la 100-a Universala Kongreso de Esperanto. Ĉina Frendlingva Eldonejo, Pekino, 2015, 1546 paĝoj, ISBN 978-7-119-09342-0.

Enpaĝigita de MAS sur papergrando de 15,20 · 22,90 cm per litertiparo Liberation Serif 10,5 punktoj (teksto) kaj 9 punktoj (piednotoj) per LibreOffice 7.2.2.2 sub Linukso *Mint*.

Presita en la Eŭropa Unuo en la jaro 2022

www.ingramcontent.com/pod-product-compliance
Ingram Content Group UK Ltd.
Pitfield, Milton Keynes, MK11 3LW, UK
UKHW021127260726
13994UKWH00001B/31

9 782369 603085